LIGAMUNDO

GEOGRAFIA

ELIAN ALABI LUCCI

Bacharel e licenciado em Geografia pela Pontifícia Universidade Católica de São Paulo (PUC-SP)
Professor em escolas particulares
Diretor da Associação dos Geógrafos Brasileiros (AGB) — seção local Bauru-SP

ANSELMO LAZARO BRANCO

Licenciado em Geografia pelas Faculdades Associadas Ipiranga (FAI)
Professor em escolas particulares

4º ano
Ensino Fundamental • Anos Iniciais

Editora Saraiva

São Paulo – 1ª edição – 2018

Editora Saraiva

Direção geral: Guilherme Luz
Direção editorial: Luiz Tonolli e Renata Mascarenhas
Gestão de projeto editorial: Tatiany Renó
Gestão e coordenação de área: Wagner Nicaretta (ger.) e Brunna Paulussi (coord.)
Edição: Maria Luisa Nacca, Raquel Maygton Vicentini e Simone de Souza Poiani
Gerência de produção editorial: Ricardo de Gan Braga
Planejamento e controle de produção: Paula Godo, Roseli Said e Marcos Toledo
Colaboração para desenvolvimento da seção *Conectando saberes*: Mauro César Brosso e Suzana Obara
Revisão: Hélia de Jesus Gonsaga (ger.), Kátia Scaff Marques (coord.), Rosângela Muricy (coord.), Ana Curci, Ana Paula C. Malfa, Brenda T. M. Morais, Célia Carvalho, Cesar G. Sacramento, Diego Carbone, Flavia S. Vênezio, Gabriela M. Andrade, Heloísa Schiavo, Larissa Vazquez, Lilian M. Kumai, Luciana B. Azevedo, Patricia Cordeiro, Patrícia Travanca, Sueli Bossi e Vanessa P. Santos
Arte: Daniela Amaral (ger.), Claudio Faustino (coord.) e Felipe Consales (edição de arte)
Diagramação: Arte Ação
Iconografia: Sílvio Kligin (ger.), Denise Durand Kremer (coord.) e Daniel Cymbalista (pesquisa iconográfica)
Licenciamento de conteúdos de terceiros: Thiago Fontana (coord.), Angra Marques (licenciamento de textos), Erika Ramires e Claudia Rodrigues (analistas adm.)
Tratamento de imagem: Cesar Wolf e Fernanda Crevin
Ilustrações: Giz de Cera, Jótah e Nid Arts
Cartografia: Eric Fuzii (coord.) e Robson Rosendo da Rocha (edit. arte)
Design: Gláucia Correa Koller (ger.), Erika Tiemi Yamauchi Asato (capa e proj. gráfico) e Talita Guedes da Silva (capa)
Foto de capa: Iconica/Getty Images
Ilustração de capa: Ideário Lab

Avenida das Nações Unidas, 7221, 1º andar, Setor A – Espaço 2 – Pinheiros – SP – CEP 05425-902
SAC 0800 011 7875
www.editorasaraiva.com.br

Dados Internacionais de Catalogação na Publicação (CIP)
(Câmara Brasileira do Livro, SP, Brasil)

Lucci, Elian Alabi
Ligamundo : geografia 4º ano / Elian Alabi Lucci, Anselmo Lazaro Branco. -- 1. ed. -- São Paulo : Saraiva, 2018.

Suplementado pelo manual do professor.
Bibliografia.
ISBN 978-85-472-3437-9 (aluno)
ISBN 978-85-472-3438-6 (professor)

1. Geografia (Ensino fundamental) I. Branco, Anselmo Lazaro. II. Título.

18-16498 CDD-372.891

Índice para catálogo sistemático:

1. Geografia : Ensino fundamental 372.891

Maria Alice Ferreira - Bibliotecária - CRB-8/7964

2023
Código da obra CL 800662
CAE 628069 (AL) / 628070 (PR)
1ª edição
9ª impressão

Impressão e acabamento: Bercrom Gráfica e Editora

Uma publicação SOMOS EDUCAÇÃO

Apresentação

Caro aluno,

Você já notou como as crianças menores que você perguntam "por quê" muitas vezes? "Por que isso? Por que aquilo? Por que é assim?"

Apesar de você já estar maior, continua querendo descobrir muitas coisas, não?

Como é o espaço ao seu redor e como são outros mais distantes? Por que as pessoas são diferentes? Será que elas vivem do mesmo jeito? De onde vêm os produtos que usamos e como eles são feitos? Por que dizem que o mundo está interligado? Por que há tantos problemas com a natureza?

São perguntas que já devem ter passado pela sua cabeça.

Este livro de Geografia é para crianças como você: curiosas e criativas. Ao utilizá-lo, com a orientação do professor e trocando ideias com os colegas, você será capaz de responder a muitas perguntas e descobrir muitas coisas.

Esperamos com isso ajudá-lo a compreender o mundo que o cerca e a participar dele.

Um excelente ano com muitas descobertas e realizações para você!

Os autores

Conheça seu livro

Este livro está dividido em nove unidades.

Abertura de unidade

Nesta seção você conhecerá o que vai aprender ao longo da unidade, além de conversar com os colegas sobre o que já sabem a respeito dos temas que serão estudados, a partir da leitura de imagens.

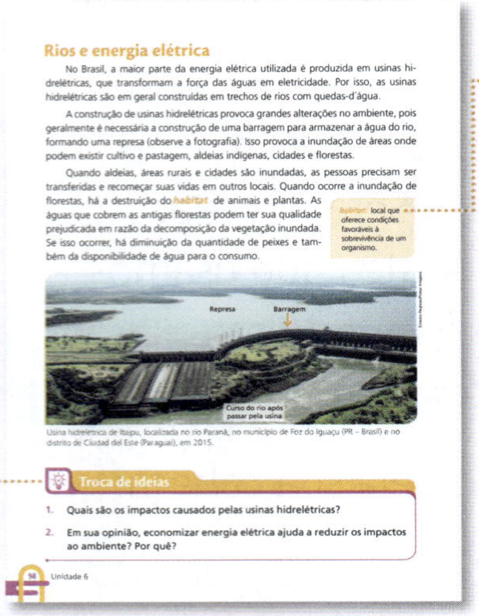

Glossário

Aqui você vai encontrar o significado das palavras destacadas no texto.

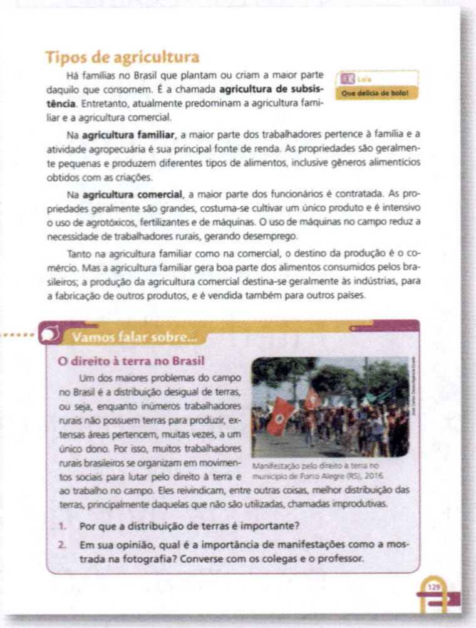

Vamos falar sobre...

Nesta seção você conversará com os colegas sobre atitudes e valores importantes para a sua formação como cidadão.

Troca de ideias

Nesta seção serão propostas perguntas para você refletir com os colegas, levando em consideração sua vivência, seu conhecimento e sua opinião sobre alguns dos temas estudados.

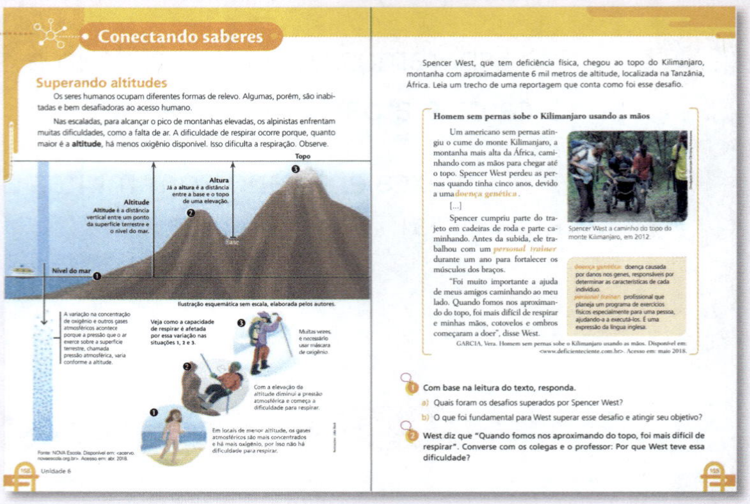

Conectando saberes

Nesta seção você relacionará um tema importante da unidade a outras áreas do conhecimento e a noções de cidadania.

Ampliar horizontes

Nesta seção você ampliará seus conhecimentos sobre alguns dos temas tratados.

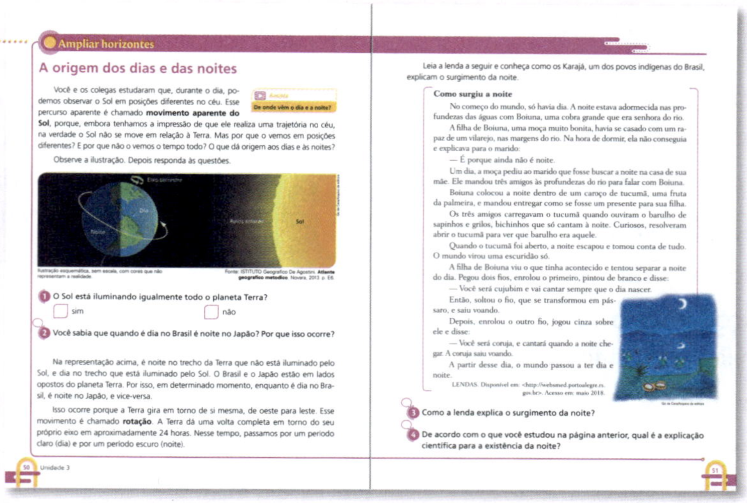

Vamos retomar

Nesta seção você encontrará atividades para retomar alguns temas estudados na unidade.

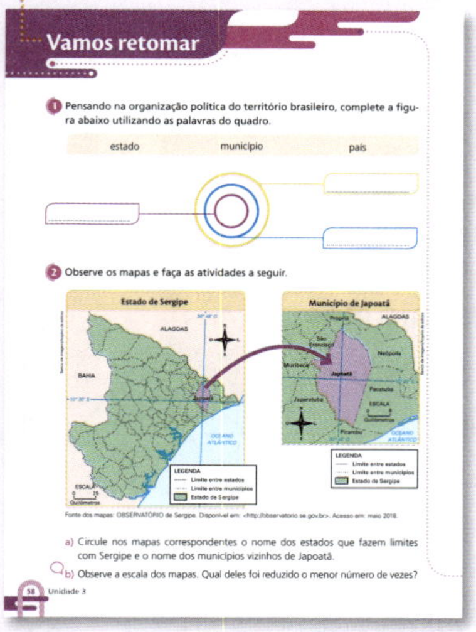

Representar o mundo

Nesta seção serão trabalhados conceitos e habilidades importantes para você aprender a linguagem da Cartografia.

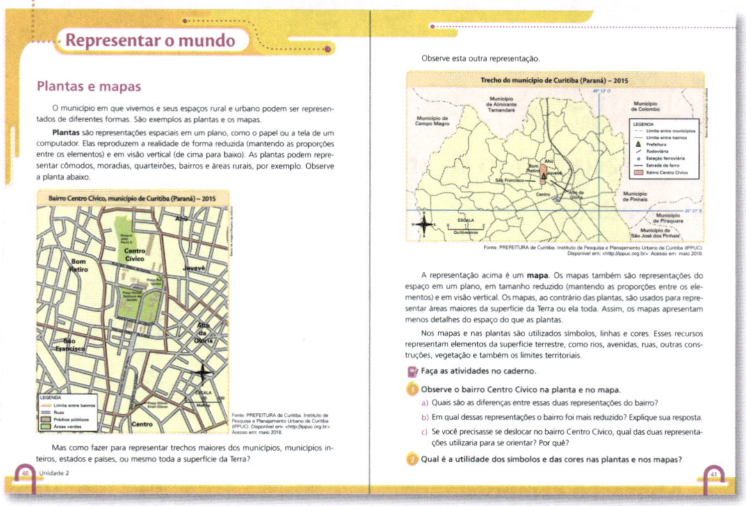

Autoavaliação

Nesta seção você vai verificar o que aprendeu na unidade e refletir sobre o que precisa melhorar.

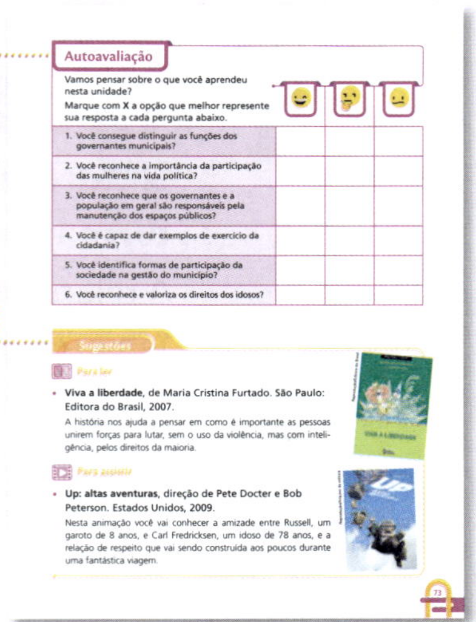

Sugestões

Nesta seção há indicação de livros, *sites*, filmes e vídeos para você complementar seu estudo.

Ícones que indicam como realizar as atividades:

- Oral
- Em dupla
- Em grupo
- No caderno

Sumário

UNIDADE

1 O município e o meu lugar

Nesta unidade você vai:

- Reconhecer que os municípios são formados por espaços urbano e rural.
- Identificar as principais características dos espaços urbano e rural.
- Explicar as diferentes origens dos municípios.
- Reconhecer o significado de lugar.
- Reconhecer algumas características do lugar onde vive.
- Identificar elementos de diferentes culturas no lugar onde vive.

1. O que você observa nas fotografias?
2. Em sua opinião, qual delas retrata uma paisagem do campo? E qual retrata uma paisagem da cidade? Por quê?
3. Explique quais são as diferenças entre o campo e a cidade. E as semelhanças?
4. O lugar onde você mora é mais parecido com qual das paisagens retratadas?

1. Plantação de eucaliptos no município de Campo do Meio, no estado de Minas Gerais, em 2015.
2. Avenida no município do Recife, no estado de Pernambuco, em 2017.

1
João Prudente/Opção Brasil Imagens

2
Marlon Costa/Futura Press

Município – campo e cidade

O município é a menor unidade político-administrativa do Brasil, com autonomia e administração própria (a prefeitura). Ele é geralmente formado pelo **espaço urbano**, que compreende a **cidade**, e pelo **espaço rural**, também chamado **campo**. Diversos municípios são divididos em distritos, e estes, por sua vez, são divididos em bairros. Observe as fotografias abaixo, que retratam trechos de dois municípios do Brasil.

João Prudente/Opção Brasil Imagens

Vista do município de Campos Gerais, no estado de Minas Gerais, em 2015.

Cesar Diniz/Pulsar Imagens

Vista do município de Vitória, no estado do Espírito Santo, em 2016.

Em alguns municípios, a área ocupada pelo espaço urbano é pequena se comparada à área que o espaço rural ocupa. Em outros municípios, o espaço urbano é maior que o rural. Há também municípios formados apenas por espaço urbano.

No Brasil, existem mais de 5 mil municípios. Cada um deles possui um nome e características próprias.

Troca de ideias

1. Qual é o nome do município em que você mora? Ele tem espaço urbano e rural? A sua casa fica em qual deles?
2. Que tipos de trabalho geralmente são realizados na cidade? E no campo? Há trabalhos que são realizados tanto na cidade quanto no campo?
3. Onde geralmente existem mais construções: na cidade ou no campo?

Como surgiram os municípios?

Diversos municípios brasileiros tiveram origem em povoados onde se concentravam pequenos grupos de pessoas e suas moradias.

Alguns povoados formaram-se às margens de rios, à beira-mar ou nas proximidades de povoados maiores. Outros surgiram por causa das atividades que se desenvolviam no local, como feiras, cultivo de plantas, criação de animais, ou porque eram locais de parada para descanso de viajantes, em rotas de transporte de mercadorias.

Com o tempo, mais pessoas passaram a viver nos povoados, que cresceram, se transformaram em vilas e, depois, em cidades, dando origem a municípios.

Nesse processo de ocupação, muitas modificações foram ocorrendo, como derrubada da vegetação, construção de ruas, casas, cultivo de plantas, entre outras.

Andre Dib/Pulsar Imagens

O povoado que deu origem ao município de Goiás surgiu às margens de um rio, atualmente chamado Vermelho. A região era rica em ouro. Na fotografia, ponte do Carmo e Museu Casa de Cora Coralina, às margens do rio Vermelho, município de Goiás, estado de Goiás, em 2014.

1 **Por que muitos municípios se formaram às margens de rios e à beira-mar?**

Espaço urbano

Leia
As aventuras de um pequeno ratinho na cidade grande

Observe a reprodução de uma pintura. O que mais chama a sua atenção?

2009 Cristiano Sidoti/Galeria Jacques Ardies, São Paulo, Brasil

Os arcos, de Cristiano Sidoti, 2009 (óleo sobre tela, de 80 cm × 100 cm).

1 **Dos elementos retratados na pintura, quais são naturais e quais foram construídos pelos seres humanos?**

2 **A pintura retrata uma paisagem da cidade ou do campo? Explique.**

Nas cidades há concentração de vias de circulação e construções, e constante movimentação de pessoas e veículos. As construções geralmente estão próximas umas das outras e são utilizadas para moradia, comércio, indústria e serviços, como escolas e hospitais.

A vida nas cidades

As cidades são diferentes umas das outras, e os modos de vida de seus moradores variam muito. Por exemplo: em algumas cidades, o dia a dia é agitado e seus habitantes convivem com o trânsito intenso de veículos, grande circulação de pessoas e poluição. Já em outras cidades, as ruas são pouco movimentadas, com menor concentração de pessoas e circulação de veículos. Observe a seguir dois exemplos.

1

Nereu Jr./Pulsar Imagens

Trecho da cidade de Curitiba, no estado do Paraná, em 2016.

2

Rubens Chaves/Pulsar Imagens

Trecho da cidade de Coruripe, no estado de Alagoas, em 2015.

1 Quais diferenças você observa entre as paisagens retratadas nas fotografias?

....

....

....

....

2 Observe as ilustrações abaixo e depois faça o que se pede.

Ilustrações: Nid Arts/Arquivo da editora

a) Quais atividades você observa em cada ilustração?

....

....

b) Assinale com **X** as ilustrações que mostram atividades que predominam no espaço urbano.

c) Quais delas existem no lugar onde você mora?

....

....

3 **Escreva o nome da profissão de um trabalhador que realiza atividades:**

a) no banco: ....

b) no hospital: ....

c) na indústria: ....

Espaço rural

Leia
Uma aventura no campo

Observe a reprodução de uma pintura. O que mais chama a sua atenção?

2007 Constância Nery/Galeria Jacques Ardies, São Paulo, Brasil

Bananas do Vale do Ribeira, de Constância Nery, 2007 (óleo sobre tela, de 70 cm × 100 cm).

1. Dos elementos que você identifica na paisagem retratada, quais são naturais e quais foram construídos pelos seres humanos?

2. A pintura retrata uma paisagem da cidade ou do campo? Explique.

3. Que outros elementos podem existir no campo e não aparecem nessa pintura?

No campo, em geral há menos pessoas, veículos e construções do que nas cidades. Não há prédios de apartamentos nem variedade de serviços e de estabelecimentos comerciais. No campo predominam as áreas com plantações, criação de animais e, em alguns municípios, vegetação pouco modificada pelo ser humano.

Observe a fotografia.

Rubens Chaves/Pulsar Imagens

Colheita manual em plantação de mandioca e plantação de laranja ao fundo, em **propriedade rural** no município de Laje, no estado da Bahia, em 2016.

propriedade rural: terras no espaço rural que pertencem a alguém.

4 Que tipos de trabalho as pessoas realizam em propriedades como a da fotografia?

....

....

5 Essas atividades são importantes para os moradores da cidade? Por quê?

....

....

6 **Imagine se houvesse uma seca no local retratado na fotografia da página anterior, provocada pela falta de chuvas durante um longo período.**

a) O que poderia acontecer com essas plantações?

....

....

b) Será que isso traria consequências para os moradores da cidade? Explique sua resposta.

....

....

7 **Onde os moradores dessa propriedade adquirem produtos como remédios, livros, roupas e máquinas?**

....

O preparo da terra, o cultivo e a colheita de plantas e a criação de animais são algumas das atividades realizadas no espaço rural (observe a fotografia). Atividades de lazer, como a pesca em rios, os passeios ecológicos e a prática de diversos esportes de aventura, também são realizadas no campo.

Adriano Kirihara/Pulsar Imagens

Criação de porcos em propriedade rural no município de Presidente Prudente, no estado de São Paulo, em 2017.

É possível encontrar pequenas, médias e grandes propriedades no espaço rural. Mas nem todos os moradores do campo são donos de terra. Muitos deles são empregados dos proprietários de terras. Alguns desses trabalhadores não vivem no campo, mas em cidades próximas, e se deslocam todos os dias entre a cidade e o campo.

O meu lugar

Leia
Kabá Darebu

Observe os lugares que Laura frequenta no seu dia a dia.

Ilustrações: Giz de Cera/Arquivo da editora

1 Agora complete o quadro abaixo.

	Lugares que Laura frequenta	Com quem Laura convive nesses lugares	O que Laura faz nesses lugares
1	Rua		
2	Escola		
3	Mercado		
4	Praça		

2 Laura vive no campo ou na cidade? Você identifica problemas no lugar onde Laura vive?

3 **Agora pense nos lugares que você frequenta no seu dia a dia. Em uma folha à parte, desenhe esses lugares ou faça um quadro, como o da página anterior, e complete com informações sobre suas atividades cotidianas.**

Em seu dia a dia, você faz diversas atividades e se relaciona com diferentes pessoas no lugar onde vive. E esse lugar tem um significado especial para você, pois é nele que você vive, estuda, brinca, é por onde circula, ou seja, o lugar é a porção do espaço onde sua vida acontece.

Nossas ações, as de outras pessoas e as do governo também têm impacto sobre o lugar em que vivemos. Por exemplo, se você e outros moradores jogam lixo na rua, o bairro fica sujo. Se o prefeito determina a construção de um parque no bairro, os moradores da cidade passam a ter um espaço para o lazer.

Vamos falar sobre...

Atitudes para melhorar o mundo

Em 2013, durante uma reunião internacional na cidade de Nairóbi, no Quênia, país da África, jovens de mais de 100 países conversaram sobre ações que poderiam praticar para melhorar o mundo, começando pelo lugar em que vivem. Leia, ao lado, alguns exemplos do que eles pensaram e depois converse com os colegas e o professor sobre as questões abaixo.

Como os jovens podem mudar o mundo?

Em um segundo:
Apagar as luzes quando sair de um lugar [...]

Em um minuto:
Fechar a torneira enquanto escova os dentes [...]

Em uma hora:
Confeccionar presentes em vez de comprá-los [...]

Em um dia:
Iniciar um mutirão semanal ou mensal de limpeza no bairro [...]

EXAME. **55 ações para os jovens mudarem o mundo**. Disponível em: <http://exame.abril.com.br>. Acesso em: maio 2018.

1. Por que essas ações melhorariam o mundo?
2. Você pratica alguma dessas ações no lugar onde vive? Você tem outras ideias para melhorar o mundo?

Ampliar horizontes

Diferentes culturas no meu lugar

Alguns brasileiros nasceram e sempre viveram em um mesmo município. Seus antepassados, porém, têm uma longa história, que começou antes mesmo de o Brasil ser um país. Mas quem eram seus antepassados? Qual é a origem deles?

A partir do século XVI, aos indígenas, primeiros habitantes das terras que formariam o Brasil, somaram-se os portugueses, que colonizaram essas terras, e os africanos escravizados.

Mais tarde, entre a segunda metade do século XIX e as primeiras décadas do século XX, vieram para o Brasil muitos imigrantes de diferentes países, entre eles Itália e Alemanha. Essas pessoas procuravam trabalho e melhores condições de vida.

Recentemente, entre as últimas décadas do século XX e o início do século XXI, os municípios brasileiros receberam imigrantes da Coreia do Sul, da China, do Haiti, da Bolívia, da Síria e de países africanos, como Angola, Senegal e Nigéria.

Ao longo da história do Brasil, muitas pessoas se mudaram de um lugar para outro dentro do país. Assim, nos municípios também encontramos pessoas que vieram de outros municípios ou de outros estados.

Em razão de todos esses deslocamentos, podemos notar a contribuição de diferentes culturas no dia a dia das pessoas que vivem nos municípios brasileiros: na culinária, nas manifestações artísticas (dança, música, pintura, escultura), na construção das moradias e em diversos outros aspectos. Veja alguns exemplos.

1

Edson Grandisoli/Pulsar Imagens

A influência de portugueses e indígenas pode ser notada, por exemplo, na culinária. A moqueca **capixaba** é um ensopado de peixe de origem indígena, que foi sendo modificado pelos portugueses. Geralmente é preparada em panela de barro, um utensílio também de origem indígena. Na fotografia, moqueca capixaba no município de Vila Velha, no estado do Espírito Santo, em 2014.

capixaba: originário do estado do Espírito Santo.

2

Hans Von Manteuffel/Opção Brasil Imagens

O maracatu nação (ou de baque virado) é uma manifestação da cultura afro-brasileira típica de Pernambuco, que simboliza a coroação de um rei e de uma rainha. Os participantes realizam um cortejo dançante ao som de instrumentos de percussão. Na fotografia, apresentação de maracatu nação no município de Vicência, no estado de Pernambuco, em 2015.

Muitos **gaúchos** se deslocaram para municípios de outros estados do Brasil, a partir da década de 1950. Suas tradições e seus costumes seguiram com eles, como o hábito de tomar chimarrão (uma bebida feita de erva-mate) na cuia. Na fotografia, chaleira e cuia gigantes, um monumento em homenagem ao fundador gaúcho do município de Chapadão do Sul, no estado de Mato Grosso do Sul, em 2014.

3

Thomaz Vita Neto/Pulsar Imagens

gaúcho: originário do estado do Rio Grande do Sul.

1 **Você reconhece na paisagem do município onde vive ou no seu dia a dia elementos da cultura de grupos de diferentes origens? Dê exemplos.**

....

....

2 **Faça o que se pede, anotando no caderno as informações que você encontrar. Depois, compartilhe-as com os colegas e o professor.**

a) Pesquise a história do município onde você mora para descobrir a origem de seus primeiros moradores.

b) Converse com um adulto sobre a origem de sua família e descubra se há nela contribuições culturais de diferentes origens.

Vamos retomar

1 Observe as fotografias e depois responda às questões.

Vista de parte do município de Teresina, no estado do Piauí, em 2015.

Vista de parte do município de Itororó, no estado da Bahia, em 2014.

a) O que você observa nas fotografias?

b) Quais elementos das paisagens retratadas são naturais e quais são construídos pelo ser humano?

c) As fotografias retratam paisagens do campo ou da cidade? Explique.

d) Descreva outras características do espaço urbano e do rural além das apresentadas nas fotografias acima.

Autoavaliação

Vamos pensar sobre o que você aprendeu nesta unidade?

Marque com **X** a opção que melhor represente sua resposta a cada pergunta abaixo.

1. Você reconhece que os municípios são formados por espaços urbano e rural?			
2. Você consegue identificar as principais características dos espaços urbano e rural?			
3. Você consegue explicar as diferentes origens dos municípios?			
4. Você reconhece o significado de lugar?			
5. Você reconhece algumas características do lugar onde vive?			
6. Você consegue identificar elementos de diferentes culturas no lugar onde vive?			

Sugestões

Para ler

Reprodução/Publifolhinha

- **As aventuras de um pequeno ratinho na cidade grande**, de Simon Prescott. São Paulo: Publifolha, 2010.

  Este livro conta a experiência de um ratinho do campo em visita à cidade.

Reprodução/Brinque-Book

- **Kabá Darebu**, de Daniel Munduruku e Marie-Thérèse Kowalczyk. São Paulo: Brinque-Book, 2002.

  Neste livro você vai conhecer o povo Munduruku, que vive nos estados do Pará e do Amazonas.

Reprodução/Moderna

- **Uma aventura no campo**, de Luiz Eduardo Ricon e Maya Reyes-Ricon, baseado em texto de Samuel Murgel Branco. São Paulo: Moderna, 2010.

  Como será para um morador da cidade passar um tempo no campo? Leia e descubra!

UNIDADE

2 A sociedade e o município

Nesta unidade você vai:

- Reconhecer que as pessoas vivem em sociedade e dependem umas das outras.
- Reconhecer que existem diferentes modos de vida.
- Identificar diferenças nas condições de vida das pessoas.
- Descrever como campo e cidade se integram.
- Identificar os motivos que levam as pessoas a migrar do campo para a cidade.
- Diferenciar planta de mapa.

1. O que você observa na fotografia ao lado?
2. Ela retrata uma paisagem rural ou urbana? Como você chegou a essa conclusão?
3. Com base na observação da fotografia, é possível perceber relações entre o campo e a cidade? E entre as pessoas que vivem em um mesmo município? Explique suas respostas.
4. No município onde você mora, existe um tipo de comércio como o mostrado na fotografia? Conte aos colegas como ele é.

Daniel Cymbalista/Pulsar Imagens

Comércio no município de São Paulo, no estado de São Paulo, em 2015.

A sociedade

Na unidade anterior, você e os colegas estudaram alguns aspectos dos lugares que frequentam no dia a dia. Perceberam, então, que vocês se relacionam com muitas pessoas.

Assim como você e os colegas, todos os moradores de um município interagem e se relacionam com outras pessoas, formando diferentes grupos sociais. Esses grupos são orientados por um conjunto de regras a serem seguidas, possuem modos de vida semelhantes e dependem do trabalho uns dos outros. Formam, assim, uma **sociedade**.

Observe as fotografias.

1

Joel Silva/Folhapress

Trabalhadores rurais em plantação de cana-de-açúcar, no município de Ribeirão Preto, no estado de São Paulo, em 2017.

2

Cassandra Cury/Pulsar Imagens

Trabalhadora em farmácia de manipulação, no município de Ribeirão Preto, no estado de São Paulo, em 2014.

Troca de ideias

1. **Por que os trabalhadores retratados fazem parte da sociedade do município de Ribeirão Preto?**
2. **Por que o trabalho dos profissionais mostrados nas fotografias é importante?**

Na vida em sociedade, as pessoas se relacionam umas com as outras e trocam experiências. Mesmo sem se conhecerem ou se relacionarem diretamente, umas dependem das outras, como vimos nas fotografias acima. Além disso, por meio do trabalho, modificam os lugares onde vivem.

Veja um exemplo: as pessoas geralmente adquirem os produtos de que necessitam em feiras, supermercados, padarias, farmácias e lojas. Nesses locais é possível comprar alimentos, medicamentos, roupas, ferramentas e outras mercadorias que foram produzidas pelo trabalho e conhecimento de diversos profissionais.

Existem também pessoas que produzem alguns itens de que necessitam a partir do próprio trabalho. Mesmo assim, elas dependem de outros profissionais para isso. Observe as fotografias.

Fabio Colombini/Acervo do fotógrafo

Agricultor utilizando trator na coleta de capim para pastagem de gado, no município de Santa Cruz, no estado do Rio Grande do Norte, em 2014.

Ernesto Reghran/Pulsar Imagens

Fabricação de tratores utilizados no campo, no município de Canoas, no estado do Rio Grande do Sul, em 2014.

Saída de observação: onde atuam os profissionais?

Objetivo: Descobrir quem são os profissionais que fazem parte do seu dia a dia, percorrendo as dependências da escola ou seus arredores.

Planejamento: Combine uma data e o percurso a ser feito com o professor.

Durante a saída: Observe lâmpadas, tomadas, piso, telhado, paredes, pinturas, entre outros, e anote o nome de um profissional que está relacionado ao que você observou. Exemplo: lâmpada – eletricista.

De volta à sala de aula: Organize o nome dos profissionais em uma lista. Ao lado de cada um, escreva se atua no espaço rural, urbano ou em ambos. Exemplo: lâmpada – eletricista – espaços urbano e rural.

Para finalizar: Compare sua lista com a dos colegas. Há diferenças? Quais?

Sociedade e modos de vida

Na vida em sociedade, as pessoas possuem modos de vida semelhantes, seguindo regras, hábitos e costumes comuns a todos. Trabalhar e estudar de segunda-feira a sexta-feira e descansar nos sábados e domingos é um exemplo disso.

Leia
A vida em sociedade

Também costumam participar de comemorações semelhantes, como festas de aniversário, de casamento e até mesmo de eventos que envolvem os moradores do município ou do país. Observe as fotografias.

Cesar Diniz/Pulsar Imagens

Cesar Diniz/Pulsar Imagens

Festas e datas comemorativas são próprias de cada sociedade. Na fotografia 1, comemoração do Dia da Consciência Negra, no município de Araruama, no estado do Rio de Janeiro, em 2015. Na fotografia 2, festa de carnaval de rua no município de Bezerros, no estado de Pernambuco, em 2016.

1 **Sobre o município onde você vive, responda:**

a) Quais datas comemorativas são festejadas nele?

....

....

b) Escolha uma dessas datas que você citou e descreva o que é comemorado e como é feita a comemoração.

....

....

....

....

Povos indígenas brasileiros – modos de vida

Em muitas sociedades, faz parte do modo de vida das pessoas trabalhar para comprar alimentos, roupas, medicamentos e tudo de que necessitam para viver. Mas em algumas sociedades, como as de muitos povos indígenas do Brasil, não é assim. Leia o texto a seguir.

Acesse
Survival International

Modos de vida dos indígenas brasileiros

A maioria [...] [dos povos indígenas brasileiros] vive completamente das florestas, **savanas** e rios, de uma mistura de caça, coleta e pesca. Eles cultivam plantas para alimentos e medicamentos e usam plantas para construir casas e fazer objetos do cotidiano.

Culturas básicas, como mandioca, batata-doce, milho, banana e abacaxi, são cultivadas em roçados. Animais como queixadas, antas e macacos e aves como o mutum são caçados para a alimentação.

[...] Castanhas e frutas, como açaí e pupunha, são regularmente colhidas, e mel de abelhas é saboreado.

Peixe, particularmente na Amazônia, é um alimento importante. [...] Os Enawenê-nawê, que não comem carne vermelha, são famosos pelas barragens de madeira chamadas *waitiwina*, que constroem em pequenos rios a cada ano para pegar e defumar grandes quantidades de peixe. [...]

Os povos indígenas têm um inigualável conhecimento de suas plantas e animais, e desempenham um papel crucial na conservação da **biodiversidade**.

De acordo com estudos científicos, as **Terras Indígenas** são atualmente a mais importante barreira para o desmatamento da Amazônia.

SURVIVAL International. **Os índios brasileiros**. Disponível em: <www.survivalinternational.org>. Acesso em: maio 2018.

savana: tipo de formação vegetal composta por plantas rasteiras, árvores pequenas ou de médio porte e de troncos retorcidos. No Brasil, as savanas recebem o nome de Cerrado.
biodiversidade: conjunto dos seres vivos (vegetais, animais e micro-organismos) dos ambientes da Terra.
Terra Indígena: terra de uso exclusivo dos povos indígenas, demarcada pelo governo brasileiro.

Giz de Cera/Arquivo da editora

2 Quais atividades os indígenas mencionados no texto da página anterior praticam? Elas são semelhantes ou diferentes das praticadas pelos grupos dos quais você faz parte? Explique.

3 Por que no texto é dito que os povos indígenas são importantes para a conservação da biodiversidade?

4 Observe as fotografias. Qual delas mostra o modo como os Enawenê-nawê pescam, de acordo com o texto da página anterior? Marque com **X**.

Fiona Watson/Survival

Barragem construída com galhos de árvores para capturar peixes, no vale do rio Juruena, no estado de Mato Grosso, em 2005.

Gerson Gerloff/Pulsar Imagens

Pesca com arco e flecha no município de São Miguel das Missões, no estado do Rio Grande do Sul, em 2016.

5 Em sua opinião, todos os povos indígenas têm os mesmos costumes? Explique dando exemplos.

Condições de vida no município

Todas as pessoas têm necessidades essenciais que devem ser atendidas. Precisam de alimentação, vestimentas, moradia, atendimento médico, medicamentos, educação, transporte, lazer, informações, entre outras.

Mas será que todas as pessoas têm essas necessidades atendidas de forma adequada? Vamos refletir sobre isso observando as fotografias a seguir.

1 Crianças voltam para casa a pé, após saída da escola, por falta de transporte escolar, no município de Casa Nova, no estado da Bahia, em 2014.

Cesar Diniz/Pulsar Imagens

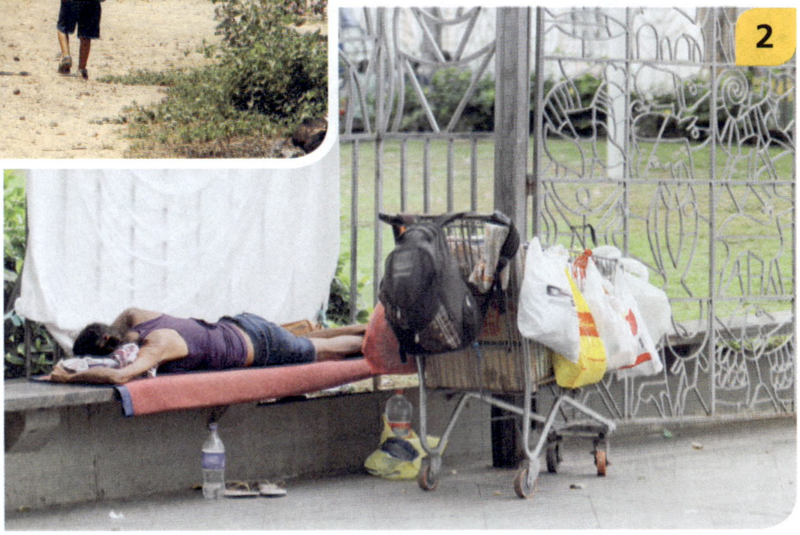

2 Moradora em situação de rua no município de Salvador, no estado da Bahia, em 2016.

Sergio Pedreira/Pulsar Imagens

1 O que você observa nas fotografias acima?

2 Em sua opinião, as necessidades das pessoas retratadas nas fotografias estão sendo atendidas? Por quê?

Desigualdade social

Como você pôde observar nas fotografias da página anterior, nem sempre as necessidades de todas as pessoas são atendidas adequadamente. Salários baixos, falta de trabalho e de transporte, aluguéis elevados, carência de postos de saúde e de hospitais públicos e falta de vagas nas escolas são alguns dos fatores responsáveis pelas precárias condições de vida de muitos moradores dos municípios brasileiros.

No entanto, há também uma parcela da população que desfruta de boas condições de vida. A diferença entre as condições de vida das pessoas em uma sociedade é chamada **desigualdade social**. Observe as fotografias.

1

João Prudente/Pulsar Imagens

Moradia no espaço rural do município de Guaxupé, no estado de Minas Gerais, em 2013.

2

Luciana Whitaker/Pulsar Imagens

Moradia no espaço rural do município de Palmares do Sul, no estado do Rio Grande do Sul, em 2016.

Inácio Teixeira/Pulsar Imagens

Moradias no espaço urbano do município de São Paulo, no estado de São Paulo, em 2016.

Rubens Chaves/Pulsar Imagens

Moradia em condomínio no espaço urbano do município de Curitiba, no estado do Paraná, em 2014.

1 **Agora, responda:**

a) Em sua opinião, as fotografias mostram desigualdades sociais? Explique.

....

....

b) No município em que você mora, há diferenças como as apresentadas nas fotografias desta página e da página anterior? Em sua opinião, por que isso acontece?

....

....

Além da desigualdade social, muitas vezes a vida em sociedade apresenta outros problemas. É também a sociedade que deve buscar soluções para eles. Leia os quadrinhos abaixo.

SOUSA, Mauricio de. **Turma da Mônica em: Ecologia Urbana**. São Paulo: Instituto Cultural Mauricio de Sousa, 1996.

Faça as atividades no caderno.

2 Quais são os problemas apresentados nos quadrinhos? Eles costumam ocorrer no espaço urbano ou no rural?

3 Que outras soluções, além das apresentadas nos quadrinhos, você poderia sugerir para ajudar a resolver os problemas apresentados?

4 No lugar onde você mora existem problemas parecidos com esses? Quais?

Integração entre campo e cidade

As atividades do espaço urbano e as atividades do espaço rural dependem umas das outras. Esse é um aspecto da integração entre estes espaços – campo e cidade. Observe exemplos nas fotografias abaixo.

Rubens Chaves/Pulsar Imagens

Luciana Whitaker/Pulsar Imagens

Os moradores da cidade compram diversos alimentos produzidos no campo. À esquerda, cultivo de hortaliças no espaço rural do município de Biritiba-Mirim, no estado de São Paulo, em 2016. À direita, venda de hortaliças e legumes em hipermercado na cidade de São Paulo, no estado de São Paulo, em 2015.

Igor do Vale/Folhapress

Gerson Sobreira/Terrastock

Os moradores do campo utilizam vários produtos feitos na cidade. À esquerda, indústria de calçados de couro na cidade de Franca, no estado de São Paulo, em 2016. À direita, trabalhador rural utilizando calçado de couro no município de Figueirão, no estado de Mato Grosso do Sul, em 2017.

Além de alimentos e outros produtos, notícias, pessoas, valores em dinheiro e conhecimentos circulam entre os espaços rural e urbano. As notícias vão do campo para a cidade e da cidade para o campo pelos meios de comunicação. Pessoas e mercadorias circulam entre os dois espaços pelos meios de transporte. O dinheiro obtido em atividades do campo pode ser utilizado em atividades no espaço rural e no urbano, assim como os ganhos obtidos nas atividades urbanas podem ser aplicados no espaço urbano e no rural. E os conhecimentos desenvolvidos nas universidades e nos institutos de pesquisa, que geralmente ficam na cidade, são incorporados também no cultivo de plantas e na criação de animais. Observe a fotografia ao lado.

Luciana Whitaker/Pulsar Imagens

Pesquisadora trabalhando com amostras de solo em laboratório na cidade do Rio de Janeiro, no estado do Rio de Janeiro, em 2014.

O uso de telefone celular, *tablet* ou computador, por exemplo, fabricados nas cidades, atualmente é comum tanto no espaço urbano como no rural. Por meio desses equipamentos, trabalhadores e moradores do campo podem se conectar com a cidade e com qualquer parte do mundo.

Thomaz Vita Neto/Pulsar Imagens

Agricultor utilizando computador no espaço rural do município de Mirassol, no estado de São Paulo, em 2016.

Várias são as atividades relacionadas ao turismo e que atraem moradores da cidade para o campo. Observe um exemplo.

Vitor Marigo/Opção Brasil Imagens

Prática de *rafting* no rio Macaé, no espaço rural do município de Casimiro de Abreu, no estado do Rio de Janeiro, em 2015. O *rafting* consiste na descida de rios que apresentam inclinações em alguma parte do seu curso, fazendo as águas correrem mais depressa. As pessoas utilizam botes infláveis e equipamentos de segurança.

As indústrias estão localizadas geralmente nas cidades. Mas, para ficar mais perto da **matéria-prima** que utilizam, algumas indústrias estão instaladas no campo. Essas indústrias, chamadas **agroindústrias**, utilizam produtos das atividades do campo para produzir suco de frutas, laticínios (derivados do leite), óleos (de origem vegetal, como a soja), açúcar e álcool (derivados da cana-de-açúcar), entre outros.

matéria-prima: item necessário para a fabricação de um produto.

Delfim Martins/Pulsar Imagens

Nesta agroindústria, localizada no espaço rural do município de Pedro Afonso, no estado do Tocantins, produz-se álcool derivado da cana-de-açúcar. Fotografia de 2017.

Apesar de muitas atividades serem realizadas apenas na cidade ou no campo, algumas podem ser desenvolvidas em ambos os espaços. É o caso de atividades como a de veterinários, professores, motoristas, entre outras.

1 O espaço urbano e o espaço rural fornecem muitos produtos aos moradores de um município. Complete o quadro abaixo com outros exemplos.

Produtos da cidade	Produtos do campo
Telefone celular	Algodão
....	....
....	....
....	....

2 Além das trocas de produtos, de que outras maneiras o campo e a cidade estão conectados? Dê exemplos.

....

....

....

Vamos falar sobre...

Cultivar alimentos na cidade

É possível realizar na cidade algumas atividades que são próprias do campo. No jardim ou no quintal de casa ou do condomínio, em espaços públicos ou até no apartamento, moradores da cidade conseguem cultivar temperos, verduras e legumes. Entre os benefícios, está uma alimentação mais saudável, obtida por um cultivo sem utilização de produtos químicos.

Zanone Fraissat/Folhapress

Horta comunitária no município de São Paulo, no estado de São Paulo, em 2015.

1. Você conhece alguém que cultiva alimentos na cidade?
2. Além da vantagem apresentada no texto, quais outras vantagens dessa prática podem melhorar a vida das pessoas que vivem nas cidades?

Migração campo-cidade

Atualmente, no Brasil, a maioria das pessoas vive no espaço urbano. Mas não foi sempre assim. Observe os dados da tabela. O que eles nos mostram?

Brasil: moradores da cidade e do campo (1960-2010)

Ano	População urbana	População rural
1960	31 303 034	38 767 423
1970	52 084 984	41 054 053
1980	80 436 409	38 566 297
1991	110 990 990	35 834 485
2000	137 775 550	31 835 143
2010	160 925 804	29 829 995

Fontes: IBGE. **Anuário Estatístico do Brasil 2000**. Disponível em: <http://biblioteca.ibge.gov.br>; IBGE. **Censo Demográfico 2010**. Disponível em: <http://biblioteca.ibge.gov.br>. Acessos em: maio 2018.

No Brasil, a intensificação no crescimento das cidades e no desenvolvimento das indústrias, a partir dos anos 1950, levou muitas pessoas a deixar o campo para viver nas cidades. Além da oportunidade de trabalho, o comércio e os serviços desenvolvidos nas cidades (educação, saúde e lazer, por exemplo) atraíram as pessoas que procuravam melhores condições de vida. Esse deslocamento intenso de pessoas do campo para a cidade contribuiu para o crescimento da população urbana. Nas últimas **décadas**, porém, o ritmo desse deslocamento tem diminuído.

década: período de 10 anos.

A migração das pessoas do campo para a cidade é consequência também das poucas oportunidades de trabalho no espaço rural. O aumento do uso de máquinas e outros equipamentos nas plantações e na criação de animais eliminou vários empregos no campo. Além disso, muitos trabalhadores do campo não possuem terras para cultivar, pois a maior parte delas pertence aos grandes proprietários rurais (latifundiários).

A oferta de trabalho na cidade, no entanto, não atende a todos os migrantes. Muitos têm dificuldades para encontrar emprego, devido à falta de experiência ou de conhecimentos necessários para realizar grande parte dos trabalhos urbanos.

1 **Cite alguns motivos que justificam a migração das pessoas do campo para a cidade.**

2 **Em sua opinião, que problemas as pessoas podem enfrentar quando migram do campo para a cidade?**

Plantas e mapas

O município em que vivemos e seus espaços rural e urbano podem ser representados de diferentes formas. São exemplos as plantas e os mapas.

Plantas são representações espaciais em um plano, como o papel ou a tela de um computador. Elas reproduzem a realidade de forma reduzida (mantendo as proporções entre os elementos) e em visão vertical (de cima para baixo). As plantas podem representar cômodos, moradias, quarteirões, bairros e áreas rurais, por exemplo. Observe a planta abaixo.

Bairro Centro Cívico, município de Curitiba (Paraná) – 2015

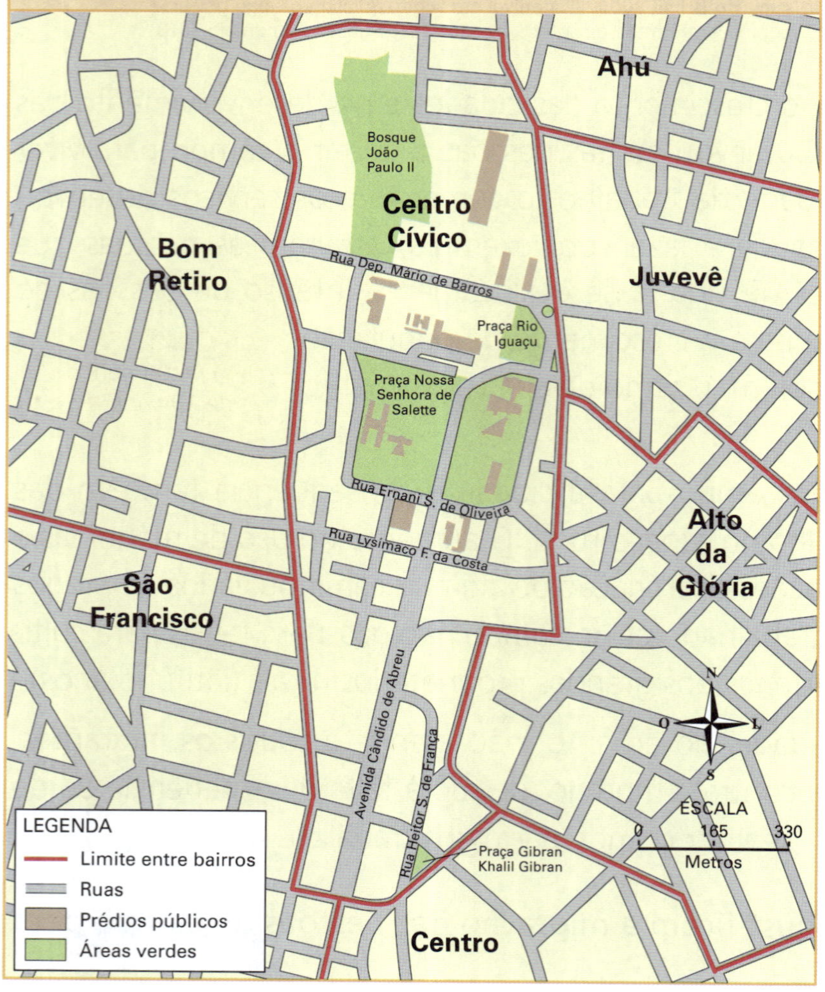

Banco de imagem/Arquivo da editora

Fonte: PREFEITURA de Curitiba. Instituto de Pesquisa e Planejamento Urbano de Curitiba (IPPUC). Disponível em: <http://ippuc.org.br>. Acesso em: maio 2018.

Mas como fazer para representar trechos maiores dos municípios, municípios inteiros, estados e países, ou mesmo toda a superfície da Terra?

Observe esta outra representação.

Trecho do município de Curitiba (Paraná) – 2015

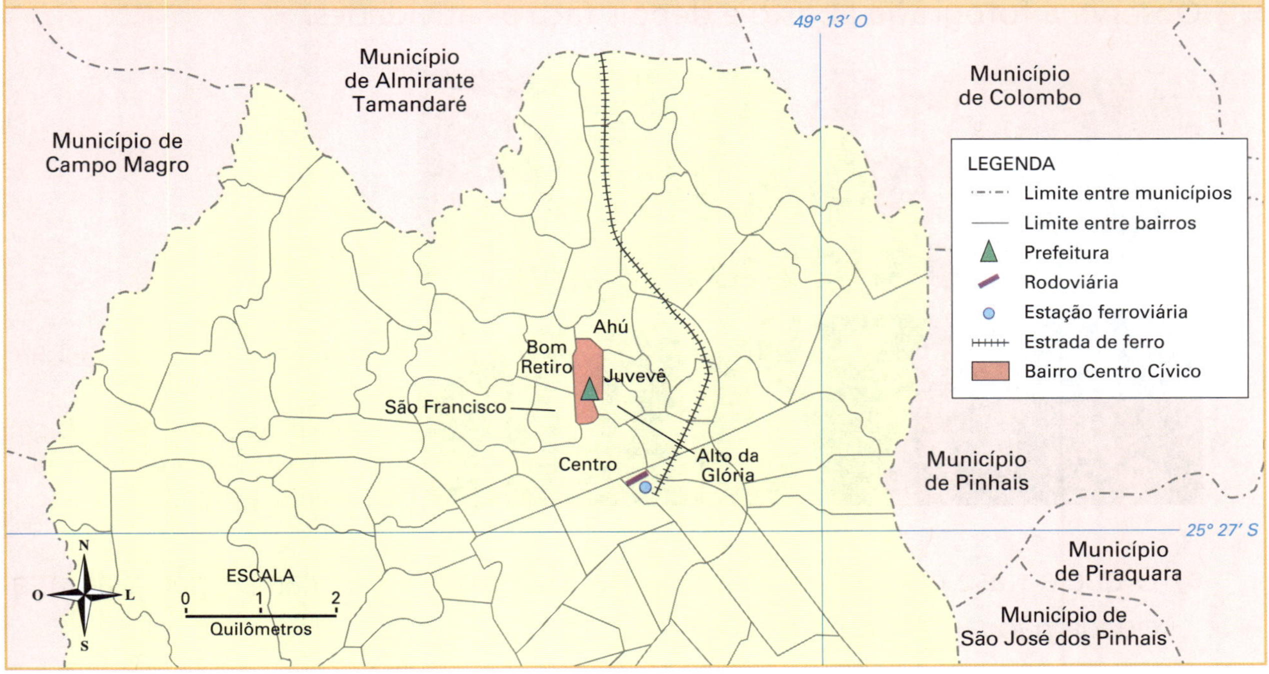

Fonte: PREFEITURA de Curitiba. Instituto de Pesquisa e Planejamento Urbano de Curitiba (IPPUC). Disponível em: <http://ippuc.org.br>. Acesso em: maio 2018.

A representação acima é um **mapa**. Os mapas também são representações do espaço em um plano, em tamanho reduzido (mantendo as proporções entre os elementos) e em visão vertical. Os mapas, ao contrário das plantas, são usados para representar áreas maiores da superfície da Terra ou ela toda. Assim, os mapas apresentam menos detalhes do espaço do que as plantas.

Nos mapas e nas plantas são utilizados símbolos, linhas e cores. Esses recursos representam elementos da superfície terrestre, como rios, avenidas, ruas, outras construções, vegetação e também os limites territoriais.

Faça as atividades no caderno.

1 Observe o bairro Centro Cívico na planta e no mapa.

a) Quais são as diferenças entre essas duas representações do bairro?

b) Em qual dessas representações o bairro foi mais reduzido? Explique sua resposta.

c) Se você precisasse se deslocar no bairro Centro Cívico, qual das duas representações utilizaria para se orientar? Por quê?

2 Qual é a utilidade dos símbolos e das cores nas plantas e nos mapas?

Vamos retomar

1 **Observe a fotografia abaixo e depois faça as atividades.**

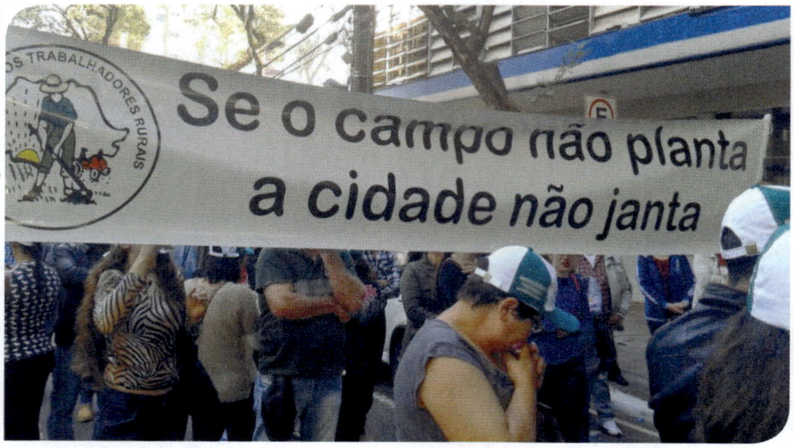

Manifestação a favor do trabalho no campo e em apoio aos trabalhadores rurais, realizada no município de Maringá, no estado do Paraná, em 2016.

a) O que a frase que aparece na faixa da fotografia, "Se o campo não planta, a cidade não janta", quer dizer?

....

....

....

b) Leia, agora, a seguinte frase: "Se a cidade não fabricar, no campo haverá dificuldades para plantar". Ela é verdadeira? Dê exemplos que justifiquem sua resposta.

....

....

....

c) Marque com **X** a alternativa que melhor completa a frase:

"A manifestação mostrada na fotografia ocorreu por causa...".

- [ ] ... da grande quantidade de empregos no espaço rural, o que proporciona boas condições de vida a seus moradores e favorece a igualdade social.
- [ ] ... do desemprego no campo, que prejudica seus moradores, favorece a desigualdade social e é uma das causas da migração campo-cidade.

Autoavaliação

Vamos pensar sobre o que você aprendeu nesta unidade?

Marque com **X** a opção que melhor represente sua resposta a cada pergunta abaixo.

1. Você reconhece que as pessoas vivem em sociedade e dependem umas das outras?			
2. Você reconhece que existem diferentes modos de vida?			
3. Você identifica diferenças nas condições de vida das pessoas?			
4. Você sabe descrever como campo e cidade se integram?			
5. Você é capaz de identificar os motivos que levam as pessoas a migrar do campo para a cidade?			
6. Você consegue diferenciar planta de mapa?			

Sugestões

Para ler

- **A vida em sociedade,** de Pierre Fatumbi Verger e Maria da Penha B. Youssef. São Paulo: Companhia Editora Nacional, 2005.

  O livro traz textos, mapas e fotografias de pessoas em países da África e no Brasil, em diferentes situações do cotidiano: festas, feiras, brincadeiras, rituais, entre outras. Assim, é possível conhecer aspectos culturais de diferentes países e estados brasileiros.

Reprodução/Companhia Editora Nacional

Para acessar

- ***Survival International***. Disponível em: <www.survivalinternational.org/>. Acesso em: maio 2018.

  Neste *site* você obterá mais informações sobre os diferentes povos indígenas do Brasil e seus modos de vida.

UNIDADE

3 Limites territoriais, orientação e o município

Nesta unidade você vai:

- Reconhecer que os limites territoriais são estabelecidos pelos seres humanos.
- Utilizar as direções cardeais para se orientar.
- Concluir que o movimento de rotação da Terra gera a sucessão dos dias e das noites.
- Diferenciar distrito, município, estado, grande região, país e continente.
- Reconhecer o direito de indígenas e comunidades quilombolas às terras tradicionalmente por eles ocupadas.
- Identificar, em um mapa, o município, o estado e a região onde mora.
- Identificar os elementos essenciais de um mapa.

1. O que você observa na fotografia 1? Você sabe o que é limite de municípios?
2. O que você observa na fotografia 2?
3. Na fotografia 2, qual elemento natural separa os dois municípios?
4. Em sua opinião, o que é o território de um município?

1. Placa indicando o limite entre os municípios de Encruzilhada e Cândido Sales, no estado da Bahia, em 2016.
2. Rio São Francisco, limite entre os municípios de Petrolina (no estado de Pernambuco), à esquerda, e de Juazeiro (Bahia), à direita, em 2015.

João Prudente/Pulsar Imagens

Florian Kopp/imagebroker/Glow Images

Limite dos municípios

Nas páginas anteriores, você observou a fotografia de uma placa de limite de municípios. Ou seja, o **limite** entre Encruzilhada e Cândido Sales. Observou também a fotografia que mostra o limite entre Juazeiro e Petrolina.

Os limites de um município determinam o seu **território**, ou seja, o espaço urbano e rural ocupado por seus moradores, com diversas paisagens e administrado por seu governante. Esses limites são definidos pelo ser humano ao longo da história. Isso quer dizer que nem sempre eles existiram ou foram como são hoje.

Os estados e os países também possuem territórios, determinados por limites. Os governantes do estado e do país, assim como o do município, têm o poder de administrar seus territórios.

Para marcar os limites de um município, estado ou país, o ser humano utiliza alguns elementos da natureza, como rios, lagos e serras. Observe novamente, na abertura da unidade, a fotografia que mostra o rio São Francisco e trechos dos municípios de Juazeiro e Petrolina.

Os limites também podem ser estabelecidos por uma estrada e outros elementos construídos pelos seres humanos. Muitas vezes, os limites não têm referências visíveis na paisagem, aparecendo somente nos mapas. Observe a fotografia.

Rogerio Reis/Tyba

Nos limites entre os territórios dos estados também podem ser colocadas placas indicativas. Geralmente, em vez da palavra "limite", aparece "divisa", que é um sinônimo. A placa desta fotografia fica na rodovia BR-354 e indica o limite entre os estados de Minas Gerais e do Rio de Janeiro. Fotografia de 2016.

Como os limites são representados nos mapas

Nos mapas e nas plantas, os limites são representados por linhas. Observe o mapa do município de Saquarema, no estado do Rio de Janeiro.

Município de Saquarema (estado do Rio de Janeiro) – 2015

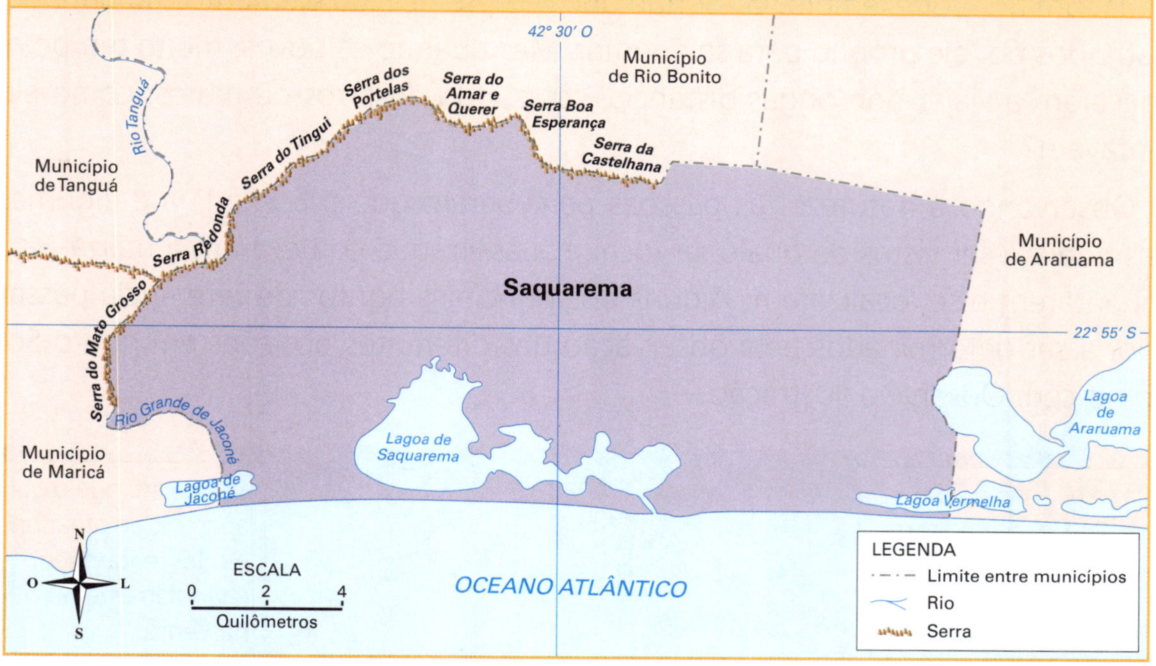

Banco de imagens/Arquivo da editora

Fonte: IBGE. **Biblioteca**. Disponível em: <http://biblioteca.ibge.gov.br>. Acesso em: maio 2018.

1 De acordo com o mapa, assinale abaixo os elementos naturais utilizados como limites do município de Saquarema.

☐ rio ☐ serra ☐ floresta

2 Circule, no mapa, o nome dos municípios vizinhos de Saquarema.

3 Observando o mapa, como você indicaria a um colega a localização dos municípios vizinhos em relação a Saquarema?

4 Agora você vai conhecer um pouco mais os limites do município onde vive, utilizando o mapa e a folha de papel vegetal que o professor vai entregar. Siga as instruções:

- prenda a folha de papel vegetal com clipe ou fita adesiva sobre o mapa;
- trace os limites do município em que vive e os dos municípios vizinhos;
- pinte de **laranja** o município em que vive e de **verde** os municípios vizinhos;
- escreva o nome dos municípios.

A orientação

Quando viajamos de carro ou andamos pela cidade ou pelo campo, podemos nos localizar e nos orientar por meio de vários **pontos de referência**: uma construção, um parque, um rio, por exemplo. O ser humano sempre utilizou elementos da natureza ou construídos por ele próprio para se orientar. Mas quando os povos, muito tempo atrás, começaram a viajar por longas distâncias, cruzando desertos ou mares, como eles se orientavam?

Observando a natureza, as pessoas perceberam que o Sol, a Lua e algumas estrelas podiam ser vistos de qualquer local. Foi assim que começaram a utilizá-los para se orientarem e se localizarem. Alguns dos principais pontos de referência passaram, então, a ser determinados pela observação das diferentes posições em que o Sol era visto no céu. Observe a ilustração.

Giz de Cera/Arquivo da editora

Se estendermos o braço direito para o leste (L), o esquerdo, também estendido, apontará para o oeste (O). À frente, teremos, então, o norte (N) e, atrás, o sul (S).

Por meio da observação das diferentes posições em que o Sol é visto no céu, é possível determinar os pontos de orientação, chamados **pontos cardeais**: **norte (N)**, **sul (S)**, **leste (L)** e **oeste (O)**.

Rosa dos ventos

A **rosa dos ventos** é um símbolo usado para indicar os pontos cardeais (N, S, L, O) e facilitar a orientação sobre a superfície terrestre. Observe que na rosa dos ventos ao lado estão indicados também os **pontos colaterais**, que são a combinação dos pontos cardeais e tornam a localização mais precisa. São eles: noroeste (NO), nordeste (NE), sudeste (SE) e sudoeste (SO).

Dawidson França/Arquivo da editora

Rosa dos ventos.

1 **Na ilustração abaixo considere que o Sol aparece pela manhã na direção das casas. Tomando como referência a praça, ao centro, assinale com X a resposta correta de cada pergunta a seguir.**

Jótah/Arquivo da editora

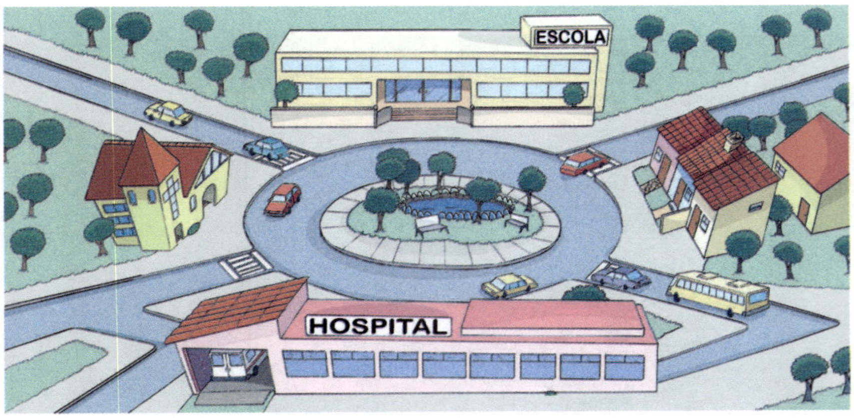

Acesse

A rosa dos ventos

a) O que está a leste da praça?

☐ a escola ☐ as casas

b) E a oeste da praça?

☐ as casas ☐ a igreja

c) O que está ao norte da praça?

☐ a escola ☐ o hospital

d) E ao sul da praça?

☐ o hospital ☐ a escola

Vamos falar sobre...

Orientação e tecnologia

Atualmente, as pessoas podem se orientar utilizando equipamentos e *smartphones*. Andando de carro ou brincando com alguns jogos eletrônicos, você também já deve ter visto essa tecnologia ou feito uso dela.

- **Mesmo com toda a tecnologia existente, você acha importante aprender a se orientar utilizando pontos de referência e lendo mapas? Por quê?**

Ampliar horizontes

A origem dos dias e das noites

Assista

De onde vêm o dia e a noite?

Você e os colegas estudaram que, durante o dia, podemos observar o Sol em posições diferentes no céu. Esse percurso aparente é chamado **movimento aparente do Sol**, porque, embora tenhamos a impressão de que ele realiza uma trajetória no céu, na verdade o Sol não se move em relação à Terra. Mas por que o vemos em posições diferentes? E por que não o vemos o tempo todo? O que dá origem aos dias e às noites?

Observe a ilustração. Depois responda às questões.

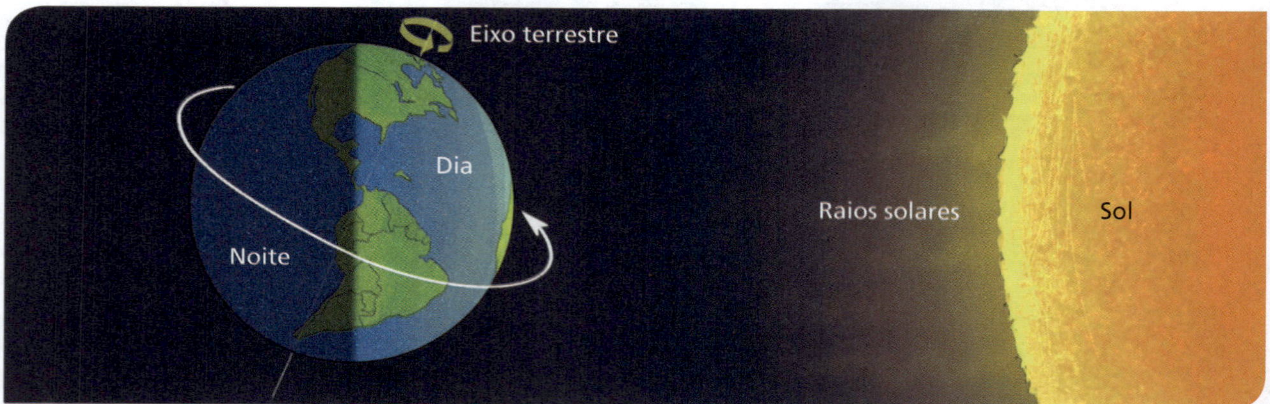

Ilustração esquemática, sem escala, com cores que não representam a realidade.

Fonte: ISTITUTO Geografico De Agostini. **Atlante geografico metodico**. Novara, 2013. p. E6.

1 O Sol está iluminando igualmente todo o planeta Terra?

☐ sim ☐ não

2 Você sabia que quando é dia no Brasil é noite no Japão? Por que isso ocorre?

Na representação acima, é noite no trecho da Terra que não está iluminado pelo Sol, e dia no trecho que está iluminado pelo Sol. O Brasil e o Japão estão em lados opostos do planeta Terra. Por isso, em determinado momento, enquanto é dia no Brasil, é noite no Japão, e vice-versa.

Isso ocorre porque a Terra gira em torno de si mesma, de oeste para leste. Esse movimento é chamado **rotação**. A Terra dá uma volta completa em torno do seu próprio eixo em aproximadamente 24 horas. Nesse tempo, passamos por um período claro (dia) e por um período escuro (noite).

Leia a lenda a seguir e conheça como os Karajá, um dos povos indígenas do Brasil, explicam o surgimento da noite.

Como surgiu a noite

No começo do mundo, só havia dia. A noite estava adormecida nas profundezas das águas com Boiuna, uma cobra grande que era senhora do rio.

A filha de Boiuna, uma moça muito bonita, havia se casado com um rapaz de um vilarejo, nas margens do rio. Na hora de dormir, ela não conseguia e explicava para o marido:

— É porque ainda não é noite.

Um dia, a moça pediu ao marido que fosse buscar a noite na casa de sua mãe. Ele mandou três amigos às profundezas do rio para falar com Boiuna.

Boiuna colocou a noite dentro de um caroço de tucumã, uma fruta da palmeira, e mandou entregar como se fosse um presente para sua filha.

Os três amigos carregavam o tucumã quando ouviram o barulho de sapinhos e grilos, bichinhos que só cantam à noite. Curiosos, resolveram abrir o tucumã para ver que barulho era aquele.

Quando o tucumã foi aberto, a noite escapou e tomou conta de tudo. O mundo virou uma escuridão só.

A filha de Boiuna viu o que tinha acontecido e tentou separar a noite do dia. Pegou dois fios, enrolou o primeiro, pintou de branco e disse:

— Você será cujubim e vai cantar sempre que o dia nascer.

Então, soltou o fio, que se transformou em pássaro, e saiu voando.

Depois, enrolou o outro fio, jogou cinza sobre ele e disse:

— Você será coruja, e cantará quando a noite chegar. A coruja saiu voando.

A partir desse dia, o mundo passou a ter dia e noite.

LENDAS. Disponível em: <http://websmed.portoalegre.rs.gov.br>. Acesso em: maio 2018.

Giz de Cera/Arquivo da editora

3 Como a lenda explica o surgimento da noite?

4 De acordo com o que você estudou na página anterior, qual é a explicação científica para a existência da noite?

Organização do território brasileiro

O Brasil é um **país** que possui 26 **estados**. Cada estado é dividido em **municípios**. Os municípios estão divididos em **distritos**, que são divididos em **bairros**.

Além dos estados, no Brasil existe o Distrito Federal, onde se localiza Brasília, a **capital** do país, sede do governo federal. Cada estado também possui uma capital, sede do governo estadual, que se localiza em um de seus municípios. Os 26 estados e o Distrito Federal são chamados Unidades da Federação.

Para facilitar o estudo e a organização das informações sobre o território brasileiro, o **Instituto Brasileiro de Geografia e Estatística** agrupou os estados em cinco grandes **regiões**. Observe o mapa.

> **Instituto Brasileiro de Geografia e Estatística:** IBGE, órgão do governo federal responsável pela coleta e divulgação de informações e dados sobre o Brasil.

Brasil: divisão política e regiões do IBGE

Banco de imagem/Arquivo da editora

Fonte: IBGE. **Atlas geográfico escolar**. 7. ed. Rio de Janeiro, 2016. p. 90 e 94.

1 **Em qual Unidade da Federação você mora? Qual é a capital dela? Em qual região ela fica?**

O Brasil está localizado na América do Sul. Observe o mapa abaixo.

2 Quantos países existem na América do Sul?

....

3 Que países da América do Sul não fazem limite com o Brasil?

....

....

A América do Sul, a América Central e a América do Norte compõem um continente chamado América. Observe no mapa abaixo os seis continentes que existem na superfície da Terra.

América do Sul: político

Fonte: IBGE. **Atlas geográfico escolar**. 7. ed. Rio de Janeiro, 2016. p. 41.

Mapa-múndi: continentes

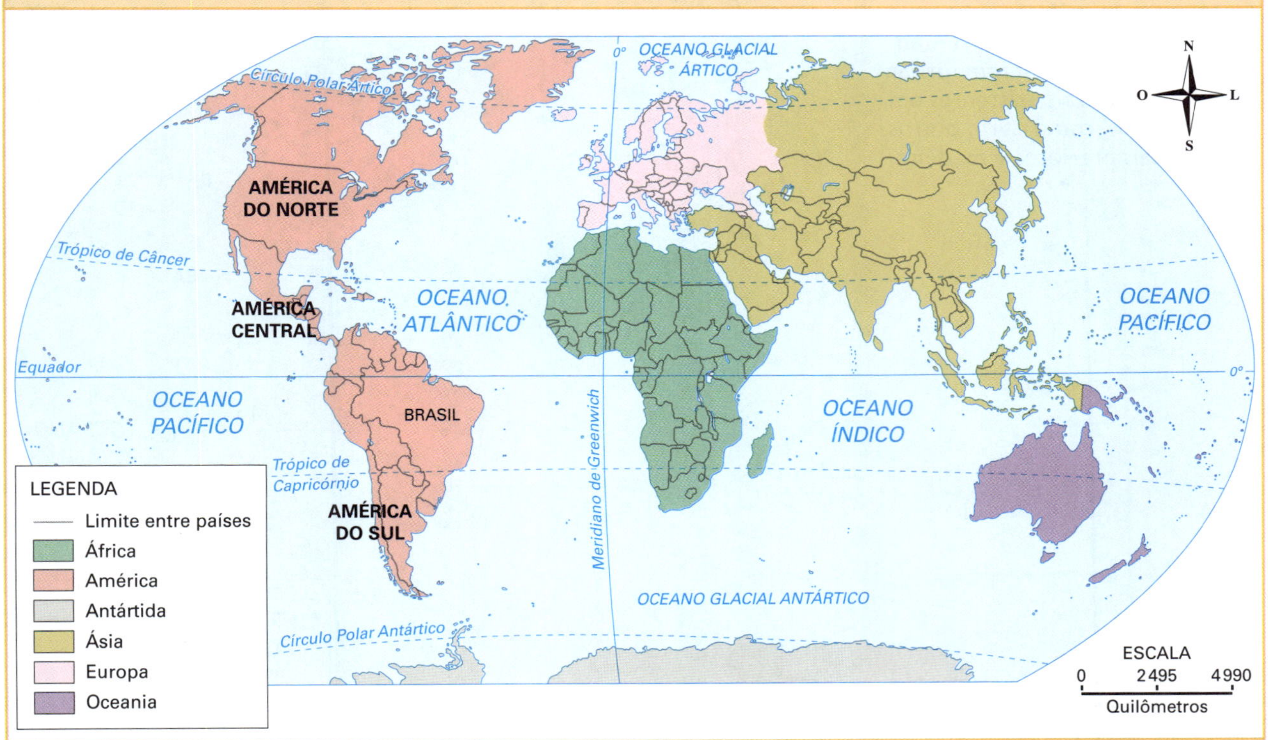

Fonte: IBGE. **Atlas geográfico escolar**. 7. ed. Rio de Janeiro, 2016. p. 34.

Conectando saberes

Povos indígenas e comunidades quilombolas

Alguns grupos da sociedade brasileira lutam para ter o direito a um território reconhecido. Sua luta se justifica por seus antepassados ocuparem essas terras há muito tempo e elas serem essenciais para que mantenham seus modos de vida. Vamos conhecer esses grupos.

Povos indígenas

A legislação brasileira garante aos indígenas o direito às terras por eles ocupadas desde antes da colonização do Brasil, pois elas são fundamentais para garantir a conservação dos recursos naturais necessários à sua sobrevivência, ao seu bem-estar e à manutenção de seus modos de vida. São as chamadas Terras Indígenas, estabelecidas pelo governo, que tem o dever de protegê-las. Observe o mapa com a distribuição das Terras Indígenas pelo Brasil.

Muitos povos indígenas continuam na luta para ter o direito à terra assegurado. Mesmo os que já conquistaram esse direito enfrentam invasores que querem retirar recursos naturais existentes em suas terras, como ouro, outros metais preciosos e madeira.

Brasil: Terras Indígenas – 2015

Fonte: INSTITUTO Socioambiental. **Povos indígenas no Brasil**. Disponível em: <https://pib.socioambiental.org>. Acesso em: maio 2018.

Comunidades quilombolas

Por mais de trezentos anos, milhares de africanos foram trazidos à força para trabalhar como escravos no Brasil. Uma das formas de resistência foi a formação de quilombos, comunidades para onde se dirigiam escravizados fugitivos. Outros quilombos foram formados por ex-escravizados em terras compradas por eles, em terras doadas, entre outras situações.

A legislação brasileira reconhece o direito dos descendentes de escravizados que ocupam as terras de seus antepassados ao longo de séculos. Observe o mapa abaixo.

Existem cerca de 2200 comunidades quilombolas reconhecidas pelo governo brasileiro no campo e nas cidades. Mas a maioria não tem o título definitivo da posse da terra, que é fundamental para garantir a sobrevivência e a manutenção dos modos de vida dessas comunidades.

Brasil: comunidades quilombolas – 2013*

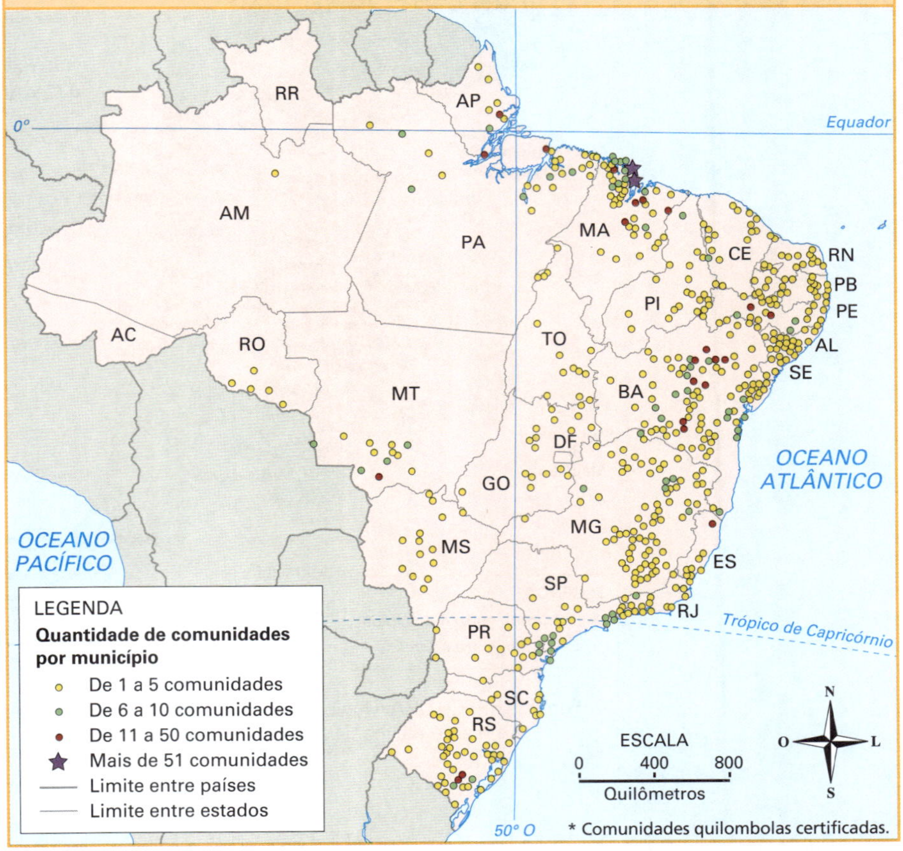

Fonte: BRASIL. Secretaria de Políticas de Promoção da Igualdade Racial. Secretaria de Políticas para Comunidades Tradicionais. **Guia de Políticas Públicas para Comunidades Quilombolas**. Brasília, 2013. Disponível em: <www.seppir.gov.br>. Acesso em: maio 2018.

1. Qual é a importância da terra para indígenas e quilombolas?

2. Como você avalia a presença de Terras Indígenas e de comunidades quilombolas no estado onde mora? Considere a extensão, a quantidade e a localização, por exemplo.

Elementos dos mapas e das plantas

Observe abaixo o mapa de um município do estado do Rio Grande do Norte.

Município de Natal (RN): bairros

Fonte: PREFEITURA Municipal do Natal. Secretaria Municipal de Meio Ambiente e Urbanismo. Disponível em: <www.natal.rn.gov.br>. Acesso em: maio 2018.

1 Assinale com **X** o elemento do mapa acima que identifica o município representado nele.

☐ legenda ☐ rosa dos ventos ☐ título

2 Qual elemento indica o que representa cada tipo de linha existente no mapa?

☐ legenda ☐ rosa dos ventos ☐ título

Quais elementos são importantes para a leitura de mapas e plantas? Veja abaixo.

O **título** identifica o mapa (ou a planta), isto é, indica a área da superfície terrestre representada e resume as informações que ele contém.

A **rosa dos ventos** indica a direção da área representada em relação aos pontos cardeais.

A **legenda** contém o significado de símbolos e cores usados no mapa (ou planta).

A **escala** informa quantas vezes o mapa ou a planta é menor que o espaço real representado, ou seja, quantas vezes o espaço real foi reduzido na representação.

A escala nos fornece um dado numérico, isto é, a proporção entre o real e a representação, e pode aparecer nos mapas e nas plantas das seguintes formas:

1 : 200 000	ou	**0 2 km**	ou	**0 2 4 km**
escala numérica		escala gráfica		escala gráfica

No mapa do município de Natal da página ao lado, a escala gráfica indica que 1 cm (centímetro) no mapa corresponde a 2 km (quilômetros) ou a 200 000 cm na realidade.

3 **Observe novamente o mapa de Natal. Qual é a escala numérica dele? O que isso quer dizer?**

....

....

4 **Observe o mapa do município em que você vive e responda às questões.**

a) Qual é o título do mapa? ....

b) Qual é a escala utilizada no mapa? ....

c) O que significam os símbolos que aparecem na legenda?

....

....

Vamos retomar

1 Pensando na organização política do território brasileiro, complete a figura abaixo utilizando as palavras do quadro.

estado	município	país

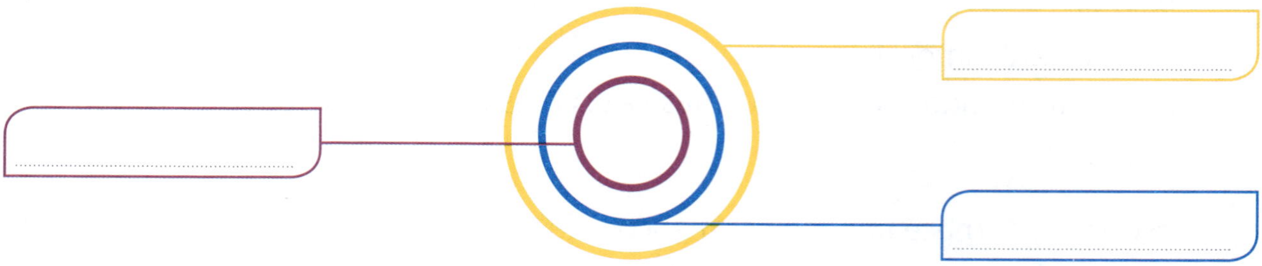

2 Observe os mapas e faça as atividades a seguir.

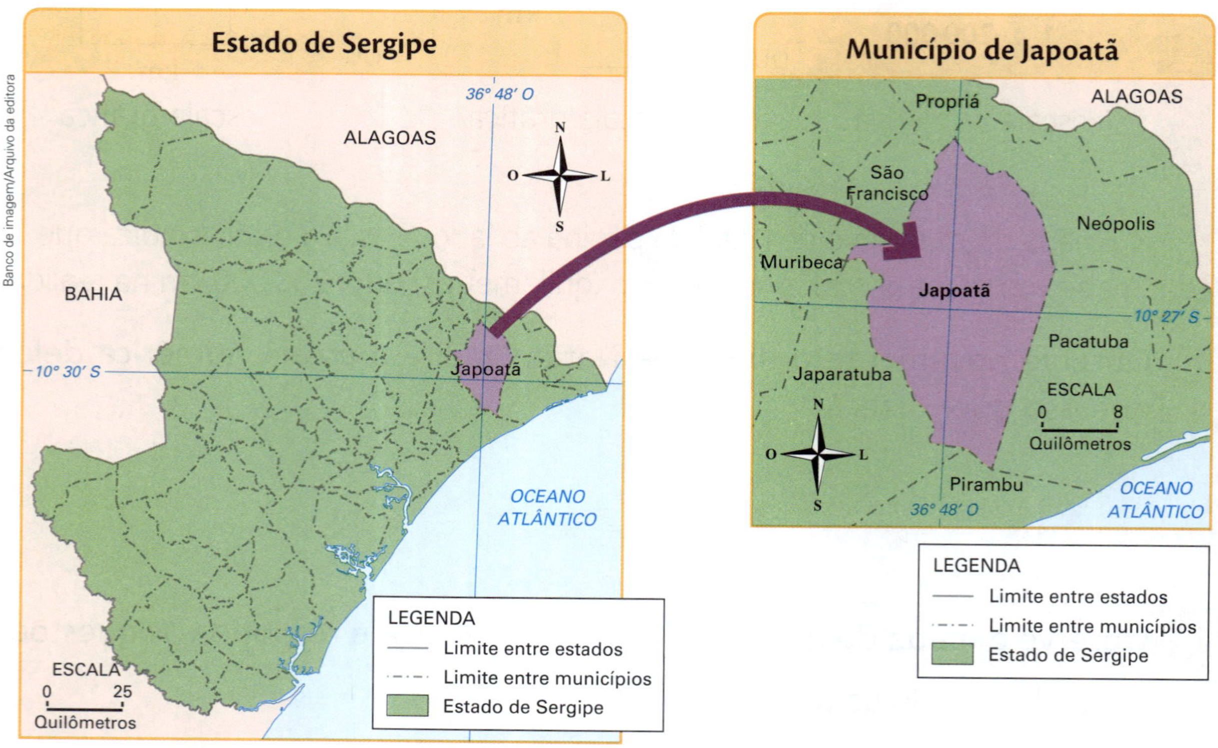

Fonte dos mapas: OBSERVATÓRIO de Sergipe. Disponível em: <http://observatorio.se.gov.br>. Acesso em: maio 2018.

a) Circule nos mapas correspondentes o nome dos estados que fazem limites com Sergipe e o nome dos municípios vizinhos de Japoatã.

b) Observe a escala dos mapas. Qual deles foi reduzido o menor número de vezes?

Autoavaliação

Vamos pensar sobre o que você aprendeu nesta unidade?

Marque com **X** a opção que melhor represente sua resposta a cada pergunta abaixo.

1. Você reconhece que os limites territoriais são estabelecidos pelos seres humanos?			
2. Você é capaz de usar as direções cardeais para se orientar?			
3. Você concluiu que o movimento de rotação da Terra gera a sucessão dos dias e das noites?			
4. Você consegue diferenciar distrito, município, estado, grande região, país e continente?			
5. Você reconhece o direito de indígenas e comunidades quilombolas às terras tradicionalmente por eles ocupadas?			
6. Você consegue identificar, em um mapa, o município, o estado e a região onde mora?			
7. Você é capaz de identificar os principais elementos de um mapa?			

Sugestões

Para acessar

- **A rosa dos ventos**. Disponível em: <www.sogeografia.com.br/Jogos/rosaventos.html>. Acesso em: maio 2018.

  Você sabe quais são os pontos cardeais e os pontos colaterais? Então, complete a rosa dos ventos neste jogo virtual.

Para assistir

- **De onde vêm o dia e a noite?** Disponível em: <http://tvescola.mec.gov.br/tve/video/de-onde-vem-de-onde-vem-o-dia-e-a-noite>. Acesso em: maio 2018.

  Neste episódio da série **De onde vem?**, uma garota muito curiosa consegue entender e explicar o movimento aparente do Sol e os movimentos da Terra.

Tv Escola/Tv Pinguim

UNIDADE

4 Governo do município e cidadania

Nesta unidade você vai:

- Distinguir as funções dos governantes municipais.
- Reconhecer a importância da participação das mulheres na vida política.
- Reconhecer a responsabilidade de governantes e da população em geral na manutenção dos espaços públicos.
- Dar exemplos de exercício da cidadania.
- Identificar formas de participação da sociedade na gestão do município.
- Reconhecer e valorizar os direitos dos idosos.

1. Por que o trabalho dos garis é importante? Quem é o responsável por contratar e pagar esse serviço?
2. Você acha que é importante a população escolher seus governantes?
3. Em sua opinião, qual é a responsabilidade dos governantes eleitos sobre as condições dos espaços públicos oferecidos à população?
4. Você acha que as mulheres sempre tiveram direito ao voto no Brasil?

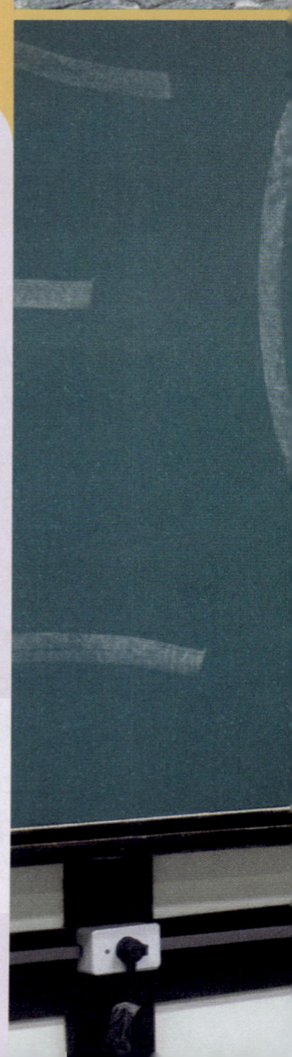

1. Gari varrendo rua no município de São Luís (MA), em 2016. Os garis são funcionários da Prefeitura e trabalham na limpeza das ruas.
2. Mulher vota para prefeito e vereador no município do Rio de Janeiro (RJ), em 2012.

1

Rogerio Reis/Tyba

2

Luciana Whitaker/Pulsar Imagens

O governo dos municípios

Todo município possui um governo, ou seja, uma equipe de pessoas que cuida dos serviços públicos, como abastecimento de água, rede de esgoto, transporte, educação e saúde, e elabora as leis que organizam seu funcionamento. Essas tarefas afetam a vida de todos os moradores do município.

O governo do município é formado pelos poderes **Legislativo** e **Executivo**.

O Poder Legislativo municipal é formado pelos **vereadores**, que trabalham na Câmara dos Vereadores e são responsáveis por criar as leis do município e fiscalizar se os serviços públicos oferecidos estão adequados às necessidades da população, entre outras funções. Cada município tem uma quantidade de vereadores, que varia conforme o número de habitantes e as leis do município.

Rubens Chaves/Pulsar Imagens

Câmara dos Vereadores do município de Cuiabá (MT), em 2014.

O Poder Executivo municipal é exercido pelo **prefeito** e pelo **vice-prefeito**, auxiliados pelos **secretários municipais**, escolhidos pelo prefeito e responsáveis pelos serviços públicos. O Poder Executivo é responsável por aplicar as leis, ou seja, ele executa o que é decidido pelo Poder Legislativo. O prefeito também pode propor a criação de leis, mas elas precisam ser aprovadas pelos vereadores.

No Brasil, o prefeito, o vice-prefeito e os vereadores de cada município são escolhidos a cada quatro anos, por meio do voto em uma eleição. Outros cargos, como o de governador de estado e o de presidente do país, também são escolhidos pelo voto da população, chamado **voto direto**.

Atualmente, todos os brasileiros alfabetizados, maiores de 18 anos e menores de 70 anos, são obrigados a votar. Para quem tem 16 e 17 anos, mais de 70 anos ou é analfabeto, o voto é optativo. Homens e mulheres têm direito ao voto.

1 **Em grupos, façam uma pesquisa e descubram um projeto de lei apresentado pelos vereadores do município em que vocês vivem. Depois, cada grupo deverá contar para os colegas sobre o projeto de lei pesquisado e discutir a importância dele para a população do município.**

As mulheres e o governo

Você sabia que, antigamente, as mulheres não podiam votar nem se candidatar a um cargo público?

A participação das mulheres na política vem sendo conquistada aos poucos e com muita luta. No Brasil, o direito ao voto, por exemplo, foi obtido somente em 1932, mas apenas as mulheres casadas, com autorização do marido, ou viúvas e solteiras que tivessem renda própria podiam votar.

Reprodução/Arquivo Nacional, Rio de Janeiro (RJ), Brasil

Posse de Luíza Alzira Soriano, primeira prefeita do Brasil, eleita em 1929 para governar o município de Lajes (RN).

A presença da mulher nos cargos de administração pública é importante para promover a igualdade entre homens e mulheres e trazer mais atenção às necessidades do sexo feminino em diversos setores. No entanto, isso ainda não é uma realidade no nosso país. Leia abaixo o trecho de uma notícia sobre as eleições municipais de 2016.

Mulheres: maioria da população, minoria na política

No primeiro turno, realizado no dia 2 de outubro, 5 509 municípios decidiram quem vai comandar as prefeituras nos próximos quatro anos. Desse total, apenas 639 cidades terão mulheres no comando [...]. Quando a apuração do segundo turno foi encerrada, [...] o resultado não trouxe avanços para o universo feminino. [Das] localidades que foram às urnas duas vezes para escolher o prefeito, apenas uma mulher foi eleita: Raquel Lyra, que venceu a eleição para a Prefeitura de Caruaru [estado de Pernambuco]. [...]

BRASIL. Ministério da Justiça e Cidadania. Secretaria Especial de Políticas para as mulheres. Disponível em: <www.spm.gov.br>. Acesso em: maio 2018.

1 Quantos municípios elegeram mulheres como prefeitas em 2016? Em sua opinião, o resultado dessas eleições mostrou uma participação grande ou pequena das mulheres no cargo de prefeito? Explique.

2 As mulheres conquistaram espaço na vida política do Brasil? Explique.

Troca de ideias

- Em sua opinião, é importante que as mulheres participem mais da vida política dos municípios, dos estados e do país? Por quê?

Impostos e taxas

Os governantes municipais, além dos estaduais e federais, são responsáveis por diversos serviços públicos. Mas quem paga por esses serviços?

Para que os serviços públicos possam ser oferecidos aos habitantes do município, são arrecadados **impostos**. Um deles é o Imposto Predial e Territorial Urbano (IPTU); outro é o Imposto Territorial Rural (ITR). Esses impostos são cobrados de pessoas e empresas que possuem alguma propriedade (casa, terreno, galpão) no espaço urbano e no espaço rural do município, respectivamente.

Além dos impostos, os habitantes do município pagam **taxas** pelo uso de água encanada, energia elétrica, telefone e transporte público. Mas será que todos os moradores são atendidos pelos serviços públicos do município?

1 Observe a fotografia abaixo.

Adriano Vizoni/Folhapress

Residência sem luz elétrica no município de Cotegipe (BA), em 2013.

a) Que tipo de serviço público falta nessa moradia?

....

b) Por que esse serviço é importante para os moradores do município?

....

c) Quem é responsável por oferecer esse serviço nos municípios?

....

2 Converse com os colegas e o professor: Você percebe a falta de algum serviço público no município em que vive? Qual?

Agora, observe a fotografia ao lado.

Wagner Tavares/Pulsar Imagens

Calçada na cidade de São Paulo (SP), em 2014.

3 A situação apresentada na fotografia ocorre no lugar onde você vive? O que você sente quando vê isso?

4 Praças, ruas e calçadas são espaços públicos. Explique com suas palavras o que são espaços públicos. Dê outros exemplos.

5 Converse com os colegas e o professor: De quem é a responsabilidade de manter os espaços públicos em bom estado de conservação e limpeza?

Vamos falar sobre...

Cuidados com o espaço público

Cuidar e desfrutar dos espaços públicos é responsabilidade e direito de todos. Se, por um lado, os governantes devem equipar e manter esses espaços, por outro a população precisa se responsabilizar por sua conservação.

Muitas vezes, os moradores de um bairro se unem para recuperar espaços públicos, como praças abandonadas. Eles limpam a praça, consertam canteiros e bancos, pintam brinquedos e aparelhos de exercícios que estejam mal conservados e, além disso, intervêm artisticamente no local.

- **Você gostaria de fazer o mesmo em um espaço público do município em que mora? O que você transformaria?**

Cidadania

Você viu que todos nós temos direito aos serviços públicos e somos responsáveis por manter os espaços públicos bem conservados. Isso nos torna **cidadãos**. Mas o que mais isso quer dizer?

Ser cidadão é ter **direitos** e **deveres** que nos permitem participar da vida em sociedade. No Brasil, os direitos e deveres da população estão definidos na **Constituição** brasileira. São também direitos do cidadão brasileiro: a liberdade de pensamento e de religião, o acesso a informação, a garantia da sobrevivência e de uma vida digna, com alimentação adequada, a participação na política do país.

São considerados deveres do cidadão brasileiro: eleger seus governantes por meio do voto secreto, respeitar as leis, pagar impostos, matricular os filhos na escola, respeitar todas as pessoas, independentemente de sexo, condição social, grupo **étnico**, cor da pele, entre outros.

Constituição: conjunto de leis que organizam o país.
étnico: que pertence a um mesmo povo ou grupo que compartilha a mesma cultura.

No Brasil, os direitos e deveres das pessoas que fazem parte dos governos também estão determinados na Constituição.

1 **Leia a charge abaixo e responda às questões.**

Jean Galvão/Folhapress

Folha de S.Paulo, 7 nov. 2008.

a) Os personagens da charge formam um grupo. Que grupo é esse?

b) O que o pai lê para os filhos?

c) Por que as crianças acham que esse texto é um conto de fadas?

d) Qual direito do cidadão está sendo negado a esse grupo?

Exercício da cidadania

> **Leia**
> Viva a liberdade

As leis do município, do estado e do país valem para todos os seus habitantes e, portanto, influenciam a vida de toda a população. Muitas vezes, porém, essas leis atendem aos interesses de algumas pessoas e desagradam a outras. Quando isso acontece, o que é possível fazer para defender seus interesses? Como cada pessoa pode participar das decisões do governo?

Num **país democrático**, como o Brasil, uma maneira de participar é por meio do voto, ou seja, escolhendo os governantes nas eleições. Para isso, as pessoas devem analisar as propostas dos candidatos e levar em conta o que já fizeram como políticos ou pela comunidade.

> **país democrático:** país em que a população pode participar da política, por exemplo, elegendo seus governantes.

A participação política inclui também candidatar-se a cargos públicos, além de acompanhar e influenciar a atuação dos governantes. É fundamental saber se eles estão atendendo às necessidades e aos desejos da população.

Outra forma de participar e defender seus interesses num país democrático é reunir-se e manifestar-se contra alguma regra ou decisão. Desse modo, se for desejo da maioria, o que é considerado ruim ou injusto pode ser mudado. Observe a fotografia.

Alexandre Guzanshe/EM/D.A Press

Manifestação na cidade de Belo Horizonte (MG), em 2014, contra o aumento do valor das passagens do transporte público.

1 **Quando uma pessoa vota ou utiliza um espaço público para fazer uma manifestação, dizemos que ela está exercendo a cidadania. Converse com os colegas e o professor para elencar outros exemplos de exercício da cidadania.**

Organizações populares

Existem outras formas de as pessoas expressarem suas opiniões e defenderem seus interesses e os da comunidade: participando de organizações não governamentais (ONGs), conselhos municipais, movimentos populares ou associações.

As **organizações não governamentais (ONGs)** atuam em diversas áreas, como assistência social, meio ambiente, direitos humanos e educação. Seus integrantes (funcionários ou voluntários) atuam em projetos que têm como objetivo resgatar crianças em situação de rua, combater o trabalho infantil, lutar contra a discriminação, preservar e conservar o ambiente, exigir reformas no espaço urbano que possibilitem o acesso de pessoas com deficiência, entre outros.

Para realizar suas atividades, as ONGs contam com contribuições ou doações feitas por pessoas, empresas ou governos que apoiam suas causas. A SOS Mata Atlântica é um exemplo de ONG criada no Brasil.

Renato S. Cerqueira/Futura Press

Integrantes da ONG SOS Mata Atlântica abrem bandeira do Brasil em avenida da cidade de São Paulo (SP) durante a Marcha pelo Clima, em 2015.

Os **conselhos municipais**, em geral, têm algum poder para decidir o que deve ser feito em relação ao assunto que lhes cabe, e seus membros são eleitos pela comunidade. Por exemplo, os participantes de um Conselho Municipal de Educação podem decidir onde será aplicado o dinheiro destinado às escolas do município. Suas decisões devem ser executadas pelo prefeito.

O conselho escolar funciona do mesmo modo. As decisões dos participantes devem ser cumpridas pelo diretor e pelos demais membros da comunidade escolar.

Em geral, participam de **movimentos populares** pessoas que têm um problema cuja solução depende de uma ação do governo.

Pedro Ladeira/Folhapress

Mulheres ligadas ao Movimento Negro em manifestação de combate à violência contra mulheres afrodescendentes, na Câmara dos Deputados, em Brasília (DF), em 2015.

Pessoas que se organizam em **associações** geralmente têm o objetivo de resolver um conjunto de problemas. Os moradores de um bairro, por exemplo, podem se organizar e criar uma associação para discutir os problemas locais e buscar formas de solucioná-los. É assim também com a associação de pais e mestres de uma escola.

Antonio Miotto/Fotoarena

Reunião da associação de moradores do bairro de Ermelino Matarazzo, no município de São Paulo (SP), em 2014, cujo objetivo era cobrar das autoridades públicas a legalização dos terrenos da região, o asfaltamento de ruas, entre outras coisas.

2 Em grupos, façam uma pesquisa sobre uma ONG criada no Brasil. Procurem descobrir: quando ela foi criada, qual sua área de atuação e quais projetos ela desenvolve. Organizem as informações pesquisadas em um cartaz. Lembrem-se de incluir imagens. Apresentem suas descobertas aos colegas.

Ampliar horizontes

Estatuto do Idoso

Os últimos censos realizados no país mostram que os brasileiros estão vivendo mais tempo e que o número de idosos vem aumentando. Ao contrário do que algumas pessoas pensam, parcela considerável dos idosos mantém boa saúde e realiza suas tarefas do dia a dia sem precisar de auxílio, além de ajudar a família. Eles ocupam papéis importantes na sociedade. Para regulamentar os direitos das pessoas com idade igual ou superior a 60 anos, o governo federal brasileiro instituiu, em 2003, o Estatuto do Idoso.

Assista

Up: altas aventuras

Leia o texto a seguir e, observando as fotografias, conheça algumas disposições desse estatuto.

> O envelhecimento é um direito [...] e é dever do Estado garantir à pessoa idosa a proteção à vida e à saúde mediante a efetivação de políticas públicas que permitam um envelhecimento saudável e em condições de dignidade. A garantia desses direitos está determinada na legislação com o advento do Estatuto do Idoso – [...] de 1º de outubro de 2003 –, considerado uma das maiores conquistas da população idosa brasileira. [...]
>
> BRASIL. Ministério da Saúde. **Estatuto do Idoso**. p. 6. Disponível em: <http://bvsms.saude.gov.br>. Acesso em: maio 2018.

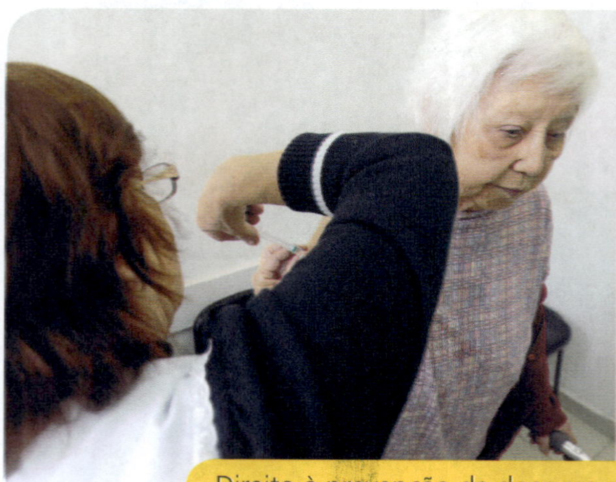

Alexandre Tokitaka/Pulsar Imagens

Direito à prevenção de doenças e à manutenção da saúde.

Joá Souza/Futura Press

Direito a transporte gratuito nos serviços públicos (a partir dos 65 anos).

Fernando Favoretto/Criar Imagem

Direito a educação.

João Prudente/Pulsar Imagens

Direito a vaga preferencial.

1. De acordo com o texto do Ministério da Saúde, "o envelhecimento é um direito". Qual documento foi criado no Brasil para garantir esse direito?

2. Você já conhecia os direitos dos idosos apresentados nestas páginas? Em sua opinião, eles são importantes? Por quê?

3. O município onde você vive oferece atividades para a população idosa? Quais?

4. Converse com um idoso para saber se ele conhece o Estatuto do Idoso. Caso não conheça, apresente a ele o texto do começo desta seção. Pergunte se ele percebeu mudanças nos serviços oferecidos aos idosos após a implementação dessa lei e o que ele julga importante ainda ser feito para melhorar as condições de vida desse grupo. Em sala de aula, conte aos colegas o que descobriu.

Vamos retomar

1 Observe a fotografia e responda às questões a seguir.

Ernesto Reghran/Pulsar Imagens

Buraco em rua no município de Dianópolis (TO), em 2017.

a) De quem é a responsabilidade pela manutenção das vias de circulação do município?

b) Quais riscos essa situação traz para a população?

c) Em sua opinião, os direitos do cidadão que mora nesse local estão sendo atendidos? Por quê?

d) Imagine que você é morador da rua retratada na fotografia. O que você e os outros moradores poderiam fazer para tentar melhorar a manutenção dessa via de circulação?

Autoavaliação

Vamos pensar sobre o que você aprendeu nesta unidade?

Marque com **X** a opção que melhor represente sua resposta a cada pergunta abaixo.

	😀	🤔	😕
1. Você consegue distinguir as funções dos governantes municipais?			
2. Você reconhece a importância da participação das mulheres na vida política?			
3. Você reconhece que os governantes e a população em geral são responsáveis pela manutenção dos espaços públicos?			
4. Você é capaz de dar exemplos de exercício da cidadania?			
5. Você identifica formas de participação da sociedade na gestão do município?			
6. Você reconhece e valoriza os direitos dos idosos?			

Sugestões

Para ler

Reprodução/Editora do Brasil

- **Viva a liberdade**, de Maria Cristina Furtado. São Paulo: Editora do Brasil, 2007.

  A história nos ajuda a pensar em como é importante as pessoas unirem forças para lutar, sem o uso da violência, mas com inteligência, pelos direitos da maioria.

Para assistir

Reprodução/Arquivo da editora

- **Up: altas aventuras**, direção de Pete Docter e Bob Peterson. Estados Unidos, 2009.

  Nesta animação você vai conhecer a amizade entre Russell, um garoto de 8 anos, e Carl Fredricksen, um idoso de 78 anos, e a relação de respeito que vai sendo construída aos poucos durante uma fantástica viagem.

UNIDADE

5 Natureza e sociedade: clima e formações vegetais

Nesta unidade você vai:

- Reconhecer que os elementos naturais estão relacionados.
- Interpretar um mapa de previsão do tempo.
- Relacionar clima e vegetação.
- Reconhecer a importância das Unidades de Conservação.
- Comparar mapas de vegetação original e atual.

1. O que você observa em cada fotografia? O que elas têm de semelhante? E de diferente?
2. Em um dos locais retratados costuma chover o ano todo e, no outro, há períodos sem chuva. Em sua opinião, qual das fotografias corresponde a cada um deles? Explique sua resposta.
3. Se a vegetação mostrada na fotografia 1 fosse derrubada, a umidade observada no ar mudaria? Por quê?

1. Vista da Floresta Amazônica com grande quantidade de vapor de água suspenso no ar (neblina), no município de Alta Floresta (MT), em 2014.
2. Veado-campeiro sob o céu sem nuvens no Cerrado, no município de São Roque de Minas (MG), em 2014.

1

Zig Koch/Opção Brasil Imagens

2

Marcos Amend/Pulsar Imagens

A relação entre os elementos naturais

Observe a fotografia abaixo. Em sua opinião, que relação há entre as árvores, o ar, o rio e o terreno plano desta paisagem?

Andre Dib/Pulsar Imagens

Vista aérea de trecho do rio Solimões e da Floresta Amazônica em Tefé (AM), em 2014.

A Floresta Amazônica, retratada na fotografia, fica numa região do Brasil onde a temperatura do ar é elevada praticamente durante o ano todo. Com isso, a água dos rios e das plantas evapora intensamente, formando nuvens e provocando chuvas durante a maior parte do ano. Nos períodos de chuva intensa, o volume de água dos rios aumenta. Em áreas de relevo plano, como a retratada acima, as águas inundam as margens dos rios, em amplos trechos. Para sobreviver nas margens dos rios, as plantas são adaptadas às inundações.

Por esse exemplo, percebemos que os elementos da natureza estão relacionados uns com os outros. Se um desses elementos sofre alteração, acaba interferindo nos outros e, consequentemente, na vida das plantas e dos animais, incluindo o ser humano.

Troca de ideias

- **Pense nas características das formas do relevo (superfícies planas, montanhas, entre outras), dos climas (calor, frio, muita chuva, períodos secos), dos rios e das formações vegetais existentes no planeta. Será que elas são sempre iguais em todos os locais? Explique.**

Tempo atmosférico

Como está o dia hoje? Está fazendo calor ou frio? O ar está úmido ou seco? Está chovendo? Há nuvens no céu? Está ventando?

Acesse
Climakids – Turma da Mônica

Ao responder a essas perguntas, você está descrevendo as condições do tempo atmosférico no lugar onde está. Percebemos as condições do tempo de um local observando principalmente a temperatura do ar (se está frio ou calor) e a umidade do ar (se está chovendo, se o céu está nublado ou sem nuvens). Essas condições podem mudar todos os dias e até mesmo ao longo de um mesmo dia.

As condições do tempo interferem na vida das pessoas. Para aproveitar a praia, por exemplo, o ideal é que não chova e esteja calor. Para os agricultores, é melhor fazer o plantio no início de um período de chuvas, porque as sementes necessitam de água para **germinar**. Já no espaço urbano, principalmente nas cidades onde a poluição do ar é intensa, as chuvas propiciam melhoria na qualidade do ar.

As condições do tempo são estudadas pelos meteorologistas. Esses profissionais trabalham analisando dados sobre chuvas, ventos, **insolação**, temperatura e umidade do ar, obtidos por imagens de satélite, computadores e outros recursos. Com esses dados, é possível prever as condições do tempo.

É assim que os agricultores sabem o melhor momento de plantar e colher, e os pilotos de avião têm informações sobre os ventos, por exemplo. E você consegue saber, por noticiários da TV, jornal ou internet, se vai precisar sair de casa com um agasalho ou guarda-chuva.

Maira Coelho/Agência O Dia/AE

Dia chuvoso, com céu encoberto por nuvens, no município do Rio de Janeiro (RJ), em 2014.

germinar: início do desenvolvimento de uma planta.
insolação: quantidade de energia vinda da radiação do Sol que chega em uma superfície durante determinado período de tempo.

1 Observe o mapa da previsão do tempo para as capitais do Brasil, publicado no jornal **Folha de S.Paulo**, no dia 18 de outubro de 2016.

Brasil: temperatura (em graus Celsius) e condições gerais do tempo para as capitais no dia 18 de outubro de 2016

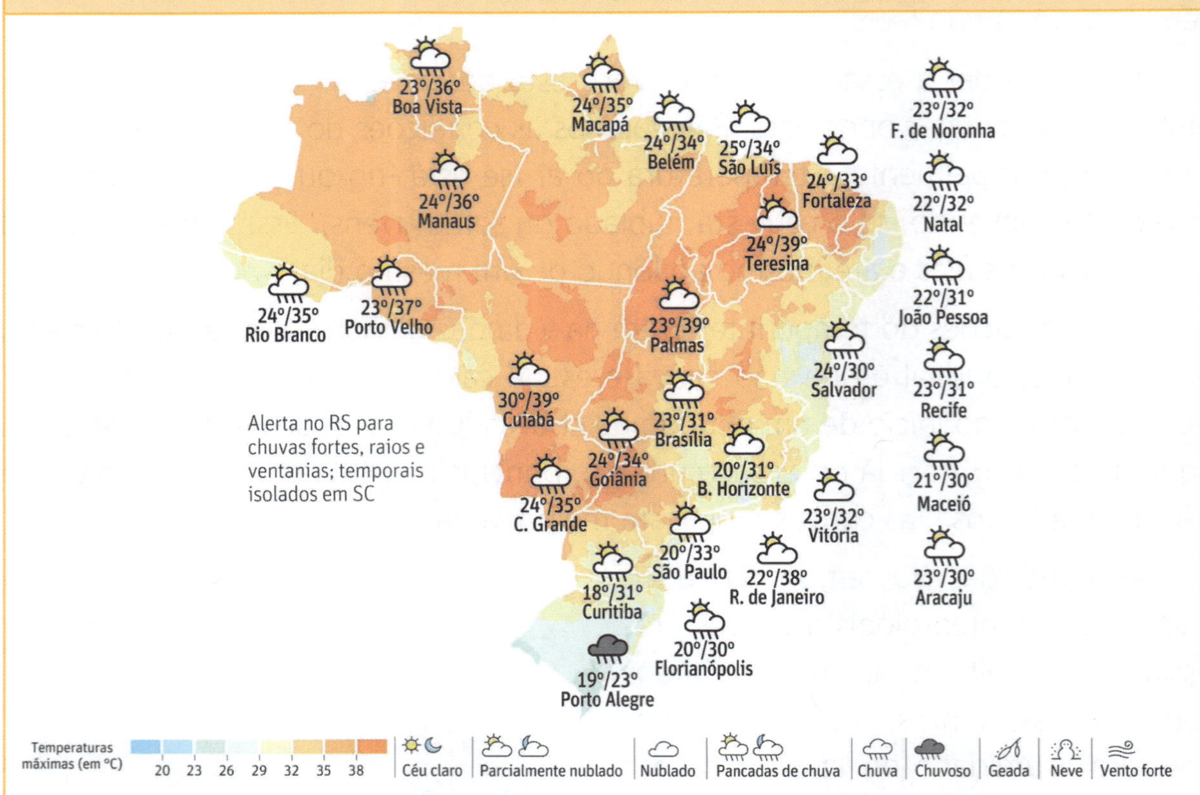

Fonte: **Folha de S.Paulo**, São Paulo, 18 out. 2016, p. B-2.

a) Usando lápis de cor, circule:

- de **verde**, as condições de tempo previstas para a capital de seu estado;
- de **vermelho**, as capitais para as quais estava previsto tempo parcialmente nublado;
- de **laranja**, as capitais para as quais foi previsto tempo com chuva ou chuvoso;
- de **roxo**, as capitais que teriam pancadas de chuva.

b) Marque:

- **X** na capital que apresentaria a temperatura mais baixa;
- ✔ nas capitais que apresentariam a temperatura mais elevada;
- ➜ nas capitais que teriam a maior diferença entre a temperatura máxima e a mínima.

c) De acordo com o mapa, como ficaria o tempo, na maior parte do Brasil, no dia 18 de outubro de 2016?

2 Agora, você e os colegas farão uma atividade de observação do tempo atmosférico no município onde estudam. Registrem as informações no quadro abaixo.

Município:				
Dias da semana	Condições do tempo atmosférico			
	Temperatura (em °C) / Horário	Chuvoso	Nublado	Céu claro
Segunda-feira ___/___/___	Manhã: ____ /________			
	Tarde: ____ /________			
Terça-feira ___/___/___	Manhã: ____ /________			
	Tarde: ____ /________			
Quarta-feira ___/___/___	Manhã: ____ /________			
	Tarde: ____ /________			
Quinta-feira ___/___/___	Manhã: ____ /________			
	Tarde: ____ /________			
Sexta-feira ___/___/___	Manhã: ____ /________			
	Tarde: ____ /________			

a) Preencham o quadro com o nome do município onde está a escola e combinem com o professor a semana em que você e os colegas vão fazer a observação.

b) Escolham um horário, para o período da manhã e para o período da tarde, em que serão feitas as observações. Elas deverão ser feitas sempre nos mesmos horários ou em horários muito próximos.

c) Na semana combinada, anotem no quadro as condições do tempo atmosférico nos períodos da manhã e da tarde. Façam um **X** no espaço referente à condição do tempo (chuvoso, nublado ou céu claro) no momento da observação. Anotem também as temperaturas registradas na medição e o horário do registro.

d) Ao final do período combinado para a observação, reúnam-se e façam, individualmente, no caderno, um relatório descrevendo as condições do tempo atmosférico da semana observada e registrando quais foram as principais mudanças no tempo nesse período.

Clima

Nas páginas anteriores você conheceu e analisou o mapa da previsão do tempo para um dia, no Brasil, e observou o comportamento do tempo atmosférico no município onde estuda, durante cinco dias.

Se observarmos durante um ano as condições do tempo atmosférico de um local, ou seja, as variações da temperatura e da quantidade de chuva nesse período, e fizermos isso por muitos anos, conheceremos as características do clima desse local. São necessários pelo menos trinta anos de observação das repetições das condições do tempo atmosférico para que o clima de um local seja definido.

Conheça a seguir as características de alguns tipos de clima do Brasil.

Em certos locais do Brasil, as temperaturas são elevadas durante todo o ano, chove relativamente pouco e as chuvas são irregulares, havendo períodos prolongados de seca. Observe a fotografia ao lado.

Paisagem da Caatinga do município de Oeiras (PI), em 2015.

Em outros municípios, durante o ano todo faz calor e chove muito. Observe a fotografia ao lado.

Chuva sobre o rio Negro, no município de Manaus (AM), em 2014.

Há também locais onde em uma parte do ano faz calor e em outra faz muito frio, com chuvas regulares o ano todo. Observe as fotografias a seguir.

Marcos André/Opção Brasil Imagens

Rubens Chaves/Pulsar Imagens

Nas fotografias do município de Porto Alegre (RS), é possível observar pessoas usando roupas leves em fevereiro, com o tempo quente (à esquerda), e pessoas bastante agasalhadas em maio, para se proteger do frio (à direita). Fotografias de 2013 e 2014, respectivamente.

Em muitos municípios do Brasil, faz calor praticamente o ano inteiro. Chove bastante em alguns meses e pouco nos demais (época da seca). Observe as fotografias.

Fabio Colombini/Acervo do fotógrafo

Fabio Colombini/Acervo do fotógrafo

À esquerda, trecho do município de Poconé (MT), em fevereiro, no período de chuva, quando os rios ficam cheios. À direita, o mesmo trecho, em setembro, no período de seca, quando os rios recebem menor quantidade de água. Fotografias de 2014 e 2013, respectivamente.

Essas características do tempo que observamos ao longo dos anos, e que geralmente se repetem ano a ano, definem o **clima** de um local. O clima pode ser úmido e quente, frio e seco, quente e seco, com um período do ano chuvoso e outro seco, entre outros tipos.

Geralmente, as variações de temperatura e de quantidade de chuvas em um mesmo local ocorrem conforme as estações do ano (verão, outono, inverno e primavera).

1 **Como é o clima do município onde você vive?**

Formações vegetais

Leia

Um pé de quê? Árvores nativas brasileiras

Os diferentes tipos de clima determinam o desenvolvimento de diferentes tipos de vegetação. **Vegetação** (ou formações vegetais) é o conjunto de plantas que nascem e se desenvolvem naturalmente em um local. Outros elementos, como o solo e as formas da superfície terrestre (relevo), também influenciam na diversidade de tipos de vegetação existentes.

O Brasil possui uma vegetação bastante diversificada. Vamos conhecê-la?

Caatinga

A Caatinga é a vegetação que predomina em locais de clima quente e com chuvas irregulares ao longo do ano. As plantas desse tipo de vegetação são em geral de pequeno porte e possuem folhas pequenas, alongadas e espinhosas. Dessa forma, a superfície de transpiração é menor, fazendo com que percam menos água. Algumas espécies conseguem armazenar água; outras perdem as folhas nos períodos de seca.

Vegetação de Caatinga no município de Lagoa Grande (PE), em 2015.

Apesar da sua riqueza vegetal, que abriga muitos animais, a Caatinga tem sido bastante devastada, substituída por áreas de cultivo, pastos e cidades.

Campos

Os Campos são formados por plantas rasteiras (gramíneas) e poucas árvores de pequeno porte. São encontrados em regiões de clima com chuvas bem distribuídas ao longo do ano e temperaturas mais baixas durante o inverno. No Rio Grande do Sul, a região de Campos é denominada **Pampa**.

Vegetação de Campos no município de Jaguarão (RS), em 2014.

As áreas com vegetação de Campos são favoráveis à criação de gado. Recentemente, essa formação vegetal vem sendo devastada para a expansão de áreas de cultivo, como o de soja.

Cerrado

Vegetação de Cerrado no município de Alto Paraíso de Goiás (GO), em 2016.

Vitor Marigo/Tyba

A vegetação de Cerrado é formada por plantas rasteiras, arbustos e árvores com tronco e galhos retorcidos e cascas grossas, adaptadas às queimadas naturais que ocorrem nos períodos mais secos. O aspecto desse tipo de vegetação é bastante variado, ora com árvores de grande porte, bem próximas umas das outras, ora com árvores menores e arbustos que crescem entre elas. Predomina em locais onde faz calor a maior parte do ano, com um período chuvoso e outro seco.

Essa formação vegetal possui grande diversidade de plantas e nela vivem diversas espécies animais, muitas delas só encontradas no Cerrado. Atualmente, porém, elas correm risco de **extinção** por causa do desmatamento que ocorre para ocupação com áreas agrícolas, pastagens e para produção de carvão vegetal.

Mata de Araucária

Paisagem com araucárias no município de São Joaquim (SC), em 2015.

Cesar Diniz/Pulsar Imagens

A Mata de Araucária é uma formação vegetal na qual predominam árvores, sobretudo o pinheiro-do-paraná, também chamado araucária. Apresenta pequena variedade de espécies, adaptadas a um clima com chuvas bem distribuídas ao longo do ano e temperaturas mais baixas nos meses de outono e inverno (do final de março ao final de setembro).

Esse tipo de vegetação foi praticamente destruído ao longo da história do Brasil, sobretudo em virtude do aproveitamento da madeira para a fabricação de móveis e para a **construção civil**, e também em razão da ampliação de áreas para a agricultura.

extinção: desaparecimento total de uma espécie vegetal ou animal da Terra.
construção civil: atividade humana responsável pela edificação de moradias, prédios, pontes, entre outras obras.

Mangue

O Mangue é um tipo de vegetação presente em áreas onde os rios encontram o mar, com clima quente e, em geral, chuvoso. É formado por árvores e arbustos, e algumas espécies desenvolvem raízes aéreas, adaptadas ao solo que entra em contato com a água do mar.

Vitor Marigo/Opção Brasil Imagens

Vegetação de Mangue na ilha de Boipeba (BA), em 2016.

No Mangue, reproduzem-se muitos animais, principalmente peixes. Esse tipo de vegetação vem sendo cada vez mais ameaçado pela poluição provocada pelos seres humanos.

Florestas Tropicais

As Florestas Tropicais são formadas por grande variedade de espécies vegetais. Esse tipo de vegetação é encontrado em locais de clima quente e chuvoso (úmido) e abriga grande diversidade de espécies animais. No Brasil, são exemplos desse tipo de formação vegetal a **Floresta Amazônica** e a **Mata Atlântica**.

Delfim Martins/Pulsar Imagens

Trecho da Mata Atlântica na Estação Ecológica de Jureia-Itatins, no município de Peruíbe (SP), em 2014.

As árvores das Florestas Tropicais foram e continuam sendo derrubadas para a formação de áreas de cultivo e pastagem, o aproveitamento da madeira, a extração de minérios, a abertura de rodovias ou a construção de cidades.

Complexo do Pantanal

O Complexo do Pantanal é um tipo de formação constituído por uma mistura de diversas formações vegetais (Cerrado, Floresta e Campos), que abriga diversas espécies animais, muitas delas ameaçadas de extinção. No período das chuvas, parte da área ocupada pelo Pantanal fica alagada, por causa do transbordamento dos rios.

Essa formação vegetal vem sendo afetada pela retirada de minérios e pelo uso de produtos tóxicos na agricultura praticada em áreas próximas.

A floresta e o clima

Como você estudou, o clima tem influência na vegetação. Mas você sabia que a vegetação pode influenciar o clima de uma área? Conheça essa relação observando o **ciclo da água** na ilustração a seguir. Depois, responda às perguntas.

O ciclo da água

Giz de Cera/Arquivo da editora

1. Evaporação: a água dos oceanos, rios e lagos se transforma em vapor de água.
2. Condensação: o vapor de água forma nuvens.
3. Precipitação: as pequenas gotas de água das nuvens caem como chuva.
4. Escoamento: a água da chuva volta para os oceanos, rios e lagos.
5. Infiltração: a água da chuva alimenta as águas subterrâneas.
6. Transpiração: as plantas e os animais devolvem água ao ambiente na forma de vapor.

Ilustração esquemática, sem escala.

Fonte: **A Terra**. São Paulo: Ática, 2005. p. 40. (Série Atlas Visuais).

1 **De onde vem a água que forma as nuvens e depois se precipita como chuva?**

2 **Se a floresta fosse derrubada, o que aconteceria com a quantidade de água na forma de vapor na região: aumentaria ou diminuiria?**

A ilustração acima mostra, entre outros aspectos, a importância da floresta para a manutenção da umidade do ar na região próxima a ela. Parte do vapor de água que forma as nuvens e que se transforma em chuva vem da transpiração das plantas.

A Floresta Amazônica, por exemplo, também influencia a quantidade de chuva de outras partes do Brasil. Isso ocorre porque o ar úmido que se forma sobre essa grande área de floresta se desloca pelo território, provocando chuvas em outros locais. Assim, rios, lagos, plantações e outras formações vegetais são beneficiados com a umidade que vem da região dessa floresta.

Vegetação original e atual

No Brasil, grande parte da **vegetação original** não existe mais. Ela vem sendo derrubada há muito tempo. A partir de 1500, os portugueses começaram a explorar o pau-brasil, árvore da Mata Atlântica da qual se extraía tinta para tecido. Desde então, a vegetação de todo o país vem sendo derrubada para a formação de cidades e o desenvolvimento de atividades como agricultura, pecuária, mineração e indústria. Observe o mapa.

vegetação original: vegetação natural que não sofreu alteração e que cresceu naturalmente, sem a interferência humana.

1 **Brasil: vegetação original**

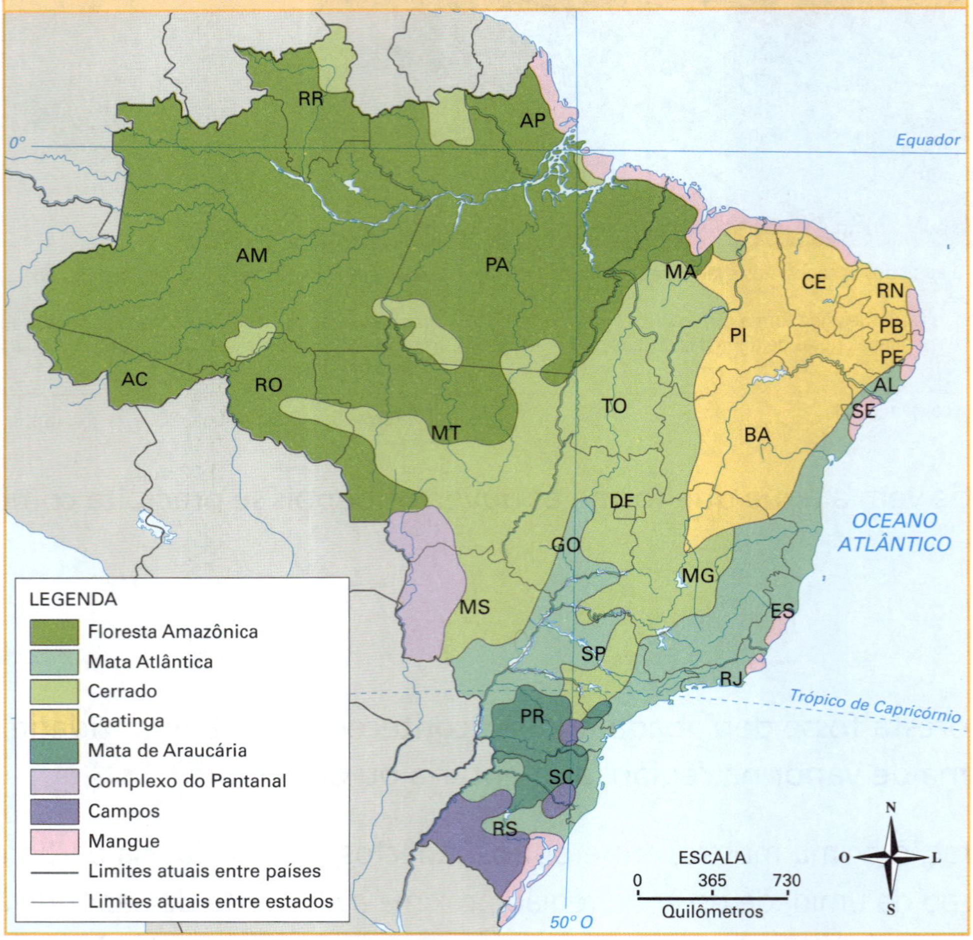

Fonte: CALDINI, Vera; ÍSOLA, Leda. **Atlas geográfico Saraiva**. São Paulo: Saraiva, 2013. p. 40.

1 **Com base na observação do mapa acima, qual é a vegetação que ocupava a maior área do território brasileiro?**

....

Observe, agora, o mapa com a vegetação do Brasil no início do século XXI.

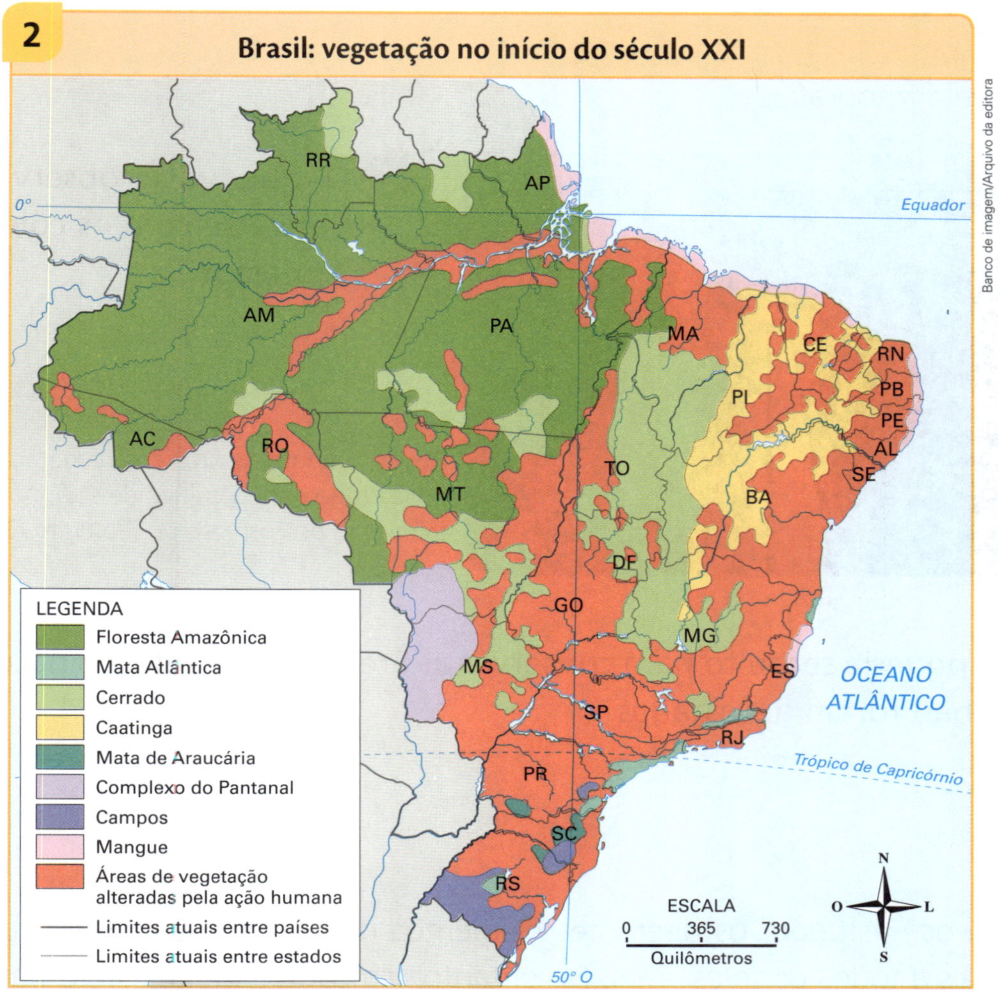

Fonte: CALDINI, Vera; ÍSOLA, Leda. **Atlas geográfico Saraiva**. São Paulo: Saraiva, 2013. p. 40.

2 Compare os mapas 1 e 2 e responda às questões a seguir.

a) O que ocorreu com as formações vegetais no Brasil ao longo do tempo?

b) Quais foram as formações vegetais mais desmatadas?

c) Localize a Unidade da Federação onde você mora no mapa 1. Qual é a formação vegetal original predominante nela? O que ocorreu com essa formação vegetal, de acordo com o mapa 2?

Unidades de Conservação

Observe a fotografia.

Ernesto Reghran/Pulsar Imagens

Desmatamento de área com vegetação de Cerrado para o cultivo de soja, no município de Formosa do Rio Preto (BA), em 2017.

1 O que você observa nela? Converse com os colegas e o professor.

2 O que poderia ser feito para conservar as áreas com vegetação natural que ainda não foram devastadas?

....

....

Como você estudou, os diferentes elementos da natureza estão relacionados e são essenciais a todos os seres vivos. No entanto, vimos que muitas áreas naturais no Brasil vêm sendo destruídas ao longo da história do país, colocando em risco muitas espécies animais e vegetais.

Para proteger as diferentes formas de vida, bem como as paisagens naturais que ainda restam, foram criadas as **Unidades de Conservação (UC)**. As UC têm seus limites estabelecidos por lei e podem ser municipais, estaduais ou federais. De acordo com o uso permitido, elas dividem-se em dois tipos:

- **Unidades de Proteção Integral**: visam preservar a natureza de determinada área, não sendo permitidos o consumo e a coleta de recursos naturais. Nelas é permitido apenas o uso indireto dos recursos, como turismo e pesquisa científica.
- **Unidades de Uso Sustentável**: buscam conciliar a conservação da natureza com a manutenção dos costumes de povos que habitam o local. Assim, nelas são permitidos a coleta e o uso de recursos naturais, desde que não causem sua escassez, além de cultivo de plantas e criação de animais para consumo próprio.

Alexandre Cappi/Pulsar Imagens

Paisagem do Parque Estadual do Jalapão, no município de Mateiros (TO), em 2014. Essa Unidade de Proteção Integral recebe muitos visitantes e abriga vegetação de Cerrado, dunas, rios e cachoeiras, além de animais, como lobos-guarás, emas e papagaios.

Andre Dib/Pulsar Imagens

Manejo do pirarucu na Reserva de Desenvolvimento Sustentável Mamirauá, em Maraã (AM), em 2014. Povos indígenas, quilombolas ou ribeirinhos, que dependem diretamente da natureza para viver e manter sua cultura, podem habitar as Unidades de Uso Sustentável.

3 As Unidades de Proteção Integral, como a do Parque Estadual do Jalapão, recebem muitos visitantes. Em sua opinião, o que atrai as pessoas a esses locais?

4 Converse com os colegas e o professor: A visitação pode prejudicar a conservação dessa área?

Vamos falar sobre...

Educação ambiental

Os Parques Nacionais são Unidades de Conservação de Proteção Integral e, por isso, podem receber visitantes. Mas será que os visitantes também são responsáveis pela conservação dessas áreas?

- Em grupos, façam uma pesquisa sobre Parques Nacionais próximos de onde vocês vivem. Escolham um e descubram sua localização e suas principais características.

  Elaborem um cartaz com os resultados da pesquisa. Para complementá-la, incluam cuidados que os visitantes devem ter para contribuir com a conservação do local. Por exemplo: caminhar nas trilhas já existentes, não jogar lixo no chão e não arrancar as plantas. Apresentem os resultados da pesquisa para os colegas.

Vamos retomar

1. Explique o que você entendeu sobre as relações entre clima e vegetação.

2. Leia o texto e responda às questões.

No deserto do Saara (África), as chuvas são muito raras e as temperaturas podem chegar a 50 graus Celsius durante o dia e cair para abaixo de zero durante a noite. Por isso, as roupas de quem vive no deserto do Saara – como os tuaregues – são adaptadas para suportar essas condições. Feitas de lã de camelo, suas túnicas longas e largas protegem a pele do sol e permitem a passagem do vento. A lã impede a entrada e a saída de calor, ajudando a manter a temperatura interna do corpo.

De Agostini/Getty Images

Tuaregue no deserto do Saara, Argélia, no continente africano, em 2016. O turbante dos tuaregues protege a cabeça do sol e o rosto das rajadas de vento do deserto.

a) Quais são as características do clima do deserto do Saara descritas no texto?

b) De acordo com as informações acima, como os tuaregues se vestem para conseguir viver no deserto?

Autoavaliação

Vamos pensar sobre o que você aprendeu nesta unidade?

Marque com **X** a opção que melhor represente sua resposta a cada pergunta abaixo.

1. Você reconhece que os elementos naturais estão relacionados?			
2. Você consegue interpretar um mapa de previsão do tempo?			
3. Você percebe relações entre clima e vegetação?			
4. Você reconhece a importância das Unidades de Conservação?			
5. Você sabe comparar mapas de vegetação original e atual?			

Sugestões

Para ler

- **Um pé de quê? Árvores nativas brasileiras,** de Fabiana Werneck Barcinski. São Paulo: Martins Fontes, 2014.

  Neste livro você vai conhecer algumas das principais espécies de árvores do Brasil e sua importância na construção da história do país.

Reprodução/Martins Fontes

Para acessar

- **Climakids – Turma da Mônica**. Disponível em: <www.climakids.com.br>. Acesso em: maio 2018.

  Neste *site* divertido, você vai aprender um pouco mais sobre os fenômenos climáticos, ver a previsão do tempo, fazer experiências e ainda se divertir com as tirinhas da Turma da Mônica.

UNIDADE

6 Natureza e sociedade: hidrografia e relevo

Nesta unidade você vai:

- Reconhecer a importância dos rios.
- Identificar os principais rios do Brasil em um mapa.
- Reconhecer os impactos da ação humana nas águas de rios e represas.
- Nomear as principais formas de relevo do Brasil.
- Reconhecer a ação dos seres humanos no relevo e suas consequências.
- Construir uma maquete representando as principais formas de relevo.
- Reconhecer que os elementos naturais estão relacionados.

1. De que maneira a água do rio da fotografia 1 está sendo aproveitada pela sociedade? De quais outras maneiras ela pode ser aproveitada?
2. O que você observa na fotografia 2?
3. Em sua opinião, por que a rodovia dos Imigrantes foi construída utilizando-se viadutos, pontes e túneis?
4. As fotografias retratam maneiras diferentes de a sociedade se relacionar com a natureza. Você concorda com essa afirmação? Explique.

1. Plantação irrigada com água do rio São Francisco no município de Petrolina (PE), em 2014.
2. Trecho da rodovia dos Imigrantes, no município de Cubatão (SP), em 2017. A Imigrantes é uma rodovia que atravessa a serra do Mar. Ela é composta de viadutos, pontes e túneis e é uma importante via de acesso da cidade de São Paulo ao litoral do estado.

Zig Koch/Odyssey/Pulsar Imagens

Tales Azzi/Pulsar Imagens

Hidrografia

A água é um recurso natural indispensável para os seres vivos. Na natureza, encontramos a água em três estados:

- **líquido**: em rios, lagos, mares, oceanos e abaixo da superfície terrestre (águas subterrâneas);
- **gasoso**: no ar que respiramos, na forma de vapor de água;
- **sólido**: nas **geleiras** e nos ***icebergs*** presentes nos locais mais frios do planeta.

geleira: grande massa de gelo encontrada nos picos das altas montanhas e nas regiões mais frias do planeta.
***iceberg*:** grande massa de gelo que se desprende de uma geleira e flutua nos mares.

A superfície terrestre é constituída de, aproximadamente, 70% de água e 30% de terras emersas (continentes e ilhas).

Apesar de haver água em grande quantidade no planeta, a maior parte dela (97%) é salgada e está em mares e oceanos. Apenas uma pequena parte da água doce está disponível nos rios, lagos e sob a superfície para ser utilizada pelos seres humanos. No Brasil, a maior parte da água doce que utilizamos vem dos rios.

Observe na fotografia abaixo um importante rio do estado de Santa Catarina.

Ernesto Reghran/Pulsar Imagens

Rio Itajaí-açu, no município de Itajaí (SC), em 2012. Assim como em muitos municípios brasileiros, o rio deu nome a um povoado, que depois se transformou no município de Itajaí.

1 **Por que, assim como Itajaí, muitos municípios se formaram às margens de rios? Converse com os colegas e o professor.**

As águas dos oceanos, mares, rios e lagos

A água dos rios e lagos é utilizada para abastecer moradias, comércios e indústrias, para as atividades agrícolas, para pescar e gerar energia elétrica.

Das águas dos mares e oceanos se obtém alimento, como algas e peixes, e se extrai o sal que usamos na cozinha. Oceanos, mares, rios e lagos também podem ser utilizados para o lazer e a prática de esportes ou como via de transporte de pessoas e mercadorias. Observe em cada fotografia abaixo como a água é utilizada.

Ricardo Teles/Pulsar Imagens

Crianças do povo indígena Kamaiurá brincam, enquanto os adultos pescam em lagoa do Parque Indígena do Xingu (MT), em 2014.

Costa Filho/Tyba

Extração de sal no município de Galinhos (RN), em 2016.

Edson Sato/Pulsar Imagens

Pesca realizada por caiçaras no litoral do município de Paraty (RJ), em 2014.

Jose Roberto Couto/Tyba

Embarcação no rio Negro, no município de Manaus (AM), em 2016.

A qualidade da água dos lagos, rios, mares e oceanos tem sido afetada pela poluição gerada por atividades humanas, como o lançamento de esgoto (inclusive das indústrias), de lixo e de produtos químicos utilizados na agricultura. Essa prática e desastres como derramamento de petróleo tornam a água imprópria para o desenvolvimento da vida (plantas e animais) e para o consumo humano (caso dos rios e lagos).

Ampliar horizontes

O *krill* e a pesca predatória

Não é só a poluição que ameaça a vida nas águas.

Leia o texto a seguir e descubra o que está acontecendo com o *krill*.

O *krill* é um camarãozinho que mede menos de 4 centímetros. Pequeno, mas muito importante, ele é a base da cadeia alimentar antártica. Todos os animais se alimentam dele: pinguins, focas e até baleias! Se todos os *krills* morrerem, todos os animais que se alimentam deles morrerão também.

Gerald & Buff Corsi/Visuals Unlimited/SPL/Latinstock

Krill antártico.

Isso dá uma ideia de como a natureza é frágil. Para que tudo continue como é hoje, a Antártica precisa preservar este pequeno animal que cabe na palma da mão. [...] Mas é claro que tem sempre alguém que pensa que pode fazer o que quiser com a natureza... [...]

Existem países que veem o *krill* como uma incrível fonte de dinheiro. Eles pescam muitos deles para fazer ração para pequenos peixes e alguns animais domésticos. [...] Um dia podem acabar com o *krill*. E se isso acontecer, toda a vida na Antártica irá acabar também.

KLINK, Laura; KLINK, Tamara; KLINK, Marininha. **Férias na Antártica**. São Paulo: Grão, 2010. p. 9, 14 e 31.

1. O texto cita um risco ao *krill*. Que risco é esse e por que ele ocorre?

2. De acordo com o texto, por que o *krill* é importante para a vida na Antártida? O que aconteceria se ele deixasse de existir?

3. Segundo as autoras do texto, “tem sempre alguém que pensa que pode fazer o que quiser com a natureza...”. Em sua opinião, se esse tipo de atitude continuar existindo, o que pode acontecer com os recursos naturais?

Rios do Brasil

Observe no mapa abaixo os principais rios do Brasil.

Leia

O caminho do rio

Brasil: principais rios

Banco de imagem/Arquivo da editora

Fonte: CALDINI, Vera; ÍSOLA, Leda. **Atlas geográfico Saraiva**. São Paulo: Saraiva, 2013. p. 36.

1. O que esse mapa mostra?

2. Escolha um rio brasileiro presente no mapa e indique pelo menos um estado que ele percorre.

3. Nos trajetos do seu dia a dia, você passa por algum rio? Se sim, qual é o nome dele? Como ele é utilizado? Converse com os colegas e o professor.

Rios e energia elétrica

No Brasil, a maior parte da energia elétrica utilizada é produzida em usinas hidrelétricas, que transformam a força das águas em eletricidade. Por isso, as usinas hidrelétricas são em geral construídas em trechos de rios com quedas-d'água.

A construção de usinas hidrelétricas provoca grandes alterações no ambiente, pois geralmente é necessária a construção de uma barragem para armazenar a água do rio, formando uma represa (observe a fotografia). Isso provoca a inundação de áreas onde podem existir cultivo e pastagem, aldeias indígenas, cidades e florestas.

Quando aldeias, áreas rurais e cidades são inundadas, as pessoas precisam ser transferidas e recomeçar suas vidas em outros locais. Quando ocorre a inundação de florestas, há a destruição do ***habitat*** de animais e plantas. As águas que cobrem as antigas florestas podem ter sua qualidade prejudicada em razão da decomposição da vegetação inundada. Se isso ocorrer, há diminuição da quantidade de peixes e também da disponibilidade de água para o consumo.

habitat: local que oferece condições favoráveis à sobrevivência de um organismo.

Ernesto Reghran/Pulsar Imagens

Usina hidrelétrica de Itaipu, localizada no rio Paraná, no município de Foz do Iguaçu (PR – Brasil) e no distrito de Ciudad del Este (Paraguai), em 2015.

Troca de ideias

1. Quais são os impactos causados pelas usinas hidrelétricas?
2. Em sua opinião, economizar energia elétrica ajuda a reduzir os impactos ao ambiente? Por quê?

Mananciais

As fontes de água doce que vão encher os reservatórios para o abastecimento da população recebem o nome de **mananciais**. Essas fontes podem ser rios, represas, nascentes ou águas subterrâneas.

As áreas de mananciais são protegidas por lei, sendo proibido ocupá-las. Entretanto, principalmente nas grandes cidades, essas áreas vêm sendo ocupadas por loteamentos **clandestinos**. Observe a fotografia.

clandestino: não autorizado ou não regulamentado por lei.

Alexandre Cappi/Pulsar Imagens

Ocupação irregular com moradias em área de manancial na represa Billings, no município de São Paulo (SP), em 2014.

1. O que você observa na fotografia?

2. Que consequências a ocupação pode trazer para as áreas de mananciais? E para a população?

Rios no mundo

Os rios são fundamentais para a sobrevivência dos seres humanos, e cada povo se relaciona de modo diferente com os rios do lugar onde vive. Conheça alguns rios importantes em diferentes locais do mundo. Observe as fotografias.

De Agostini/Getty Images

O rio Nilo corta o Egito de sul a norte e é um dos maiores rios do mundo. Há mais de 2 mil anos, a água do Nilo já era usada para consumo, agricultura e pesca, além de ser via de transporte de mercadorias e pessoas. A história do povo egípcio está relacionada, portanto, à presença do rio, que passa por uma extensa faixa de deserto. Atualmente o Nilo é usado também para gerar energia elétrica. Na fotografia, plantações no vale do rio Nilo, no Egito (África), em 2016.

O Ganges é considerado um rio sagrado pelos **hindus**, que acreditam que a vida não estará completa sem um mergulho nesse rio e que suas águas purificam os pecados. Além disso, o Ganges tem importante papel na economia da Índia, país por onde percorre seu maior trecho, sendo utilizado na pesca e na agricultura. Na fotografia, pessoas se banham no rio Ganges, na Índia (Ásia), em 2014.

hindu: pessoa que segue o hinduísmo, uma religião.

Imagebroker/Alamy/Glow Images

George Rose/Getty Images

O rio Tâmisa foi considerado biologicamente morto em 1957, pois sua poluição era tão grave que os animais desapareceram de suas águas. Entretanto, ele foi despoluído, principalmente com a construção de estações de tratamento de esgoto. Atualmente, vivem nele dezenas de espécies de peixes (além de mamíferos, como focas e baleias), e é bastante usado para o turismo e o transporte. Na fotografia, vista aérea de trecho da cidade de Londres, no Reino Unido (Europa), e do rio Tâmisa, em 2016.

1 De acordo com o que foi apresentado na página anterior, como são utilizados os rios Nilo, Ganges e Tâmisa?

a) Nilo: ....

b) Ganges: ....

c) Tâmisa: ....

2 Você conhece ou gostaria de conhecer algum desses rios? Por quê?

Vamos falar sobre...

Oxum e a água

Por sua importância, as águas de rios e mares costumam ser tema de mitos, canções, histórias e outras narrativas.

Vitor Marigo/Opção Brasil Imagens

Esculturas de orixás sobre o espelho de água do dique do Tororó, no município de Salvador (BA), em 2016.

Na cultura de alguns locais da África, e também do Brasil, por exemplo, Oxum, um **orixá**, símbolo do poder e da beleza das mulheres, teve seu nome inspirado em um rio (rio Osun). Oxum é considerada rainha das águas doces e frescas, que também podem se transformar em corredeiras fortes e incontroláveis, segundo a mitologia ioruba. Oxum é quem garante a fecundidade e os frutos da terra.

orixá: divindade africana que representa as forças da natureza.

- **Você conhece algum mito, personagem, canção ou história em que a água tenha papel relevante? Se não conhece, faça uma pesquisa e conte aos colegas.**

Relevo

Leia
O belo, a linha, o horizonte, o menino e a montanha

A superfície da Terra apresenta diferentes formas. O conjunto dessas formas constitui o relevo. As formas do relevo que vemos hoje na superfície terrestre levaram milhares ou milhões de anos para se formar e estão sempre em transformação pela ação dos agentes modificadores do relevo (água da chuva, dos rios e mares e o vento, por exemplo).

Os agentes modificadores desgastam as formas do relevo e transportam materiais (areia e cascalho, por exemplo) de um local para outro. Assim, sofrem alterações tanto o local de onde são retirados esses materiais como o local em que são depositados.

A água dos rios, por exemplo, desgasta os terrenos por onde passa. Parte do solo retirado das margens pela ação da água e outros materiais trazidos pelas enxurradas acumulam-se no fundo do rio, tornando-o mais raso. Em consequência, nos períodos de muita chuva, o nível das águas pode subir rapidamente, provocando inundações. Por isso é importante manter a vegetação das margens dos rios, para que esse desgaste seja menor.

Mas será que apenas os elementos naturais transformam o relevo?

Além dos elementos naturais, os seres humanos também podem ser agentes modificadores do relevo. Ao interferir nos terrenos para construir casas, viadutos, túneis, ou para tornar a superfície plana, por exemplo, e ao retirar vegetação das margens de rios e de encostas, os seres humanos contribuem para a alteração do relevo. Nem sempre essas interferências têm consequências negativas, como mostrado na fotografia ao lado.

Eduardo Anizelli/Folhapress

Vista aérea de deslizamento de terra em encosta no município de Mairiporã (SP), em 2016. Quando a cobertura vegetal das encostas de morros e serras é retirada, essas áreas ficam mais sujeitas a deslizamentos de terra.

As formas do relevo

Observe abaixo o mapa do relevo do Brasil.

Brasil: formas de relevo

Fonte: ROSS, Jurandyr L. S. (Org.). **Geografia do Brasil**. São Paulo: Edusp, 2009. p. 53.

1 De acordo com o mapa, quais formas de relevo existem no Brasil?

....

2 Quais dessas formas predominam no Brasil?

....

3 Quais formas de relevo existem na Unidade da Federação em que você mora?

....

4 Conheça, no quadro abaixo, as principais formas de relevo que existem no mundo. Depois, observe as fotografias da página seguinte e anote, nos quadrinhos junto a elas, a letra referente a cada forma de relevo retratada.

Formas de relevo	
A – Montanha	É uma grande elevação da superfície terrestre, com muitos altos e baixos (relevo bastante acidentado). Geralmente apresenta encostas bem inclinadas. Muitas montanhas têm altitudes tão elevadas que seus topos permanecem cobertos de neve. Os grandes agrupamentos de montanhas da Terra recebem o nome de **cadeias** ou **cordilheiras**. Os principais são: cordilheira dos Andes, na América do Sul; Montanhas Rochosas, na América do Norte; cadeia do Atlas, na África; Alpes, na Europa; cordilheira do Himalaia, na Ásia. No Brasil não há cadeias de montanhas.
B – Planalto	Forma de relevo geralmente elevada. Sua principal característica é o intenso processo de desgaste, isto é, a retirada de materiais pelos agentes modificadores do relevo: a água dos rios e da chuva e o vento, por exemplo. Os planaltos podem apresentar morros, serras ou elevações de topo plano, que recebem o nome de **chapadas**. Nas chapadas, os paredões laterais são quase verticais e são chamados **escarpas**. Os planaltos, assim como as depressões, ocupam boa parte do território brasileiro, como você pôde perceber no mapa da página anterior.
C – Planície	Área que tem a superfície geralmente plana, onde se acumulam materiais transportados pelos agentes modificadores do relevo. No Brasil, as planícies estendem-se nas margens de rios, sobretudo daqueles de grande extensão, e nos litorais.
D – Depressão	Parte mais baixa em relação às formas de relevo que estão à sua volta. Pode apresentar pequena inclinação e sofrer processo de desgaste, de retirada de materiais. Esses materiais são transportados pelos rios e levados para planícies ou mares.

Ernesto Reghran/Pulsar Imagens

Vista aérea do rio Amazonas e seu entorno no município de Urucurituba (AM), em 2015.

Tales Azzi/Pulsar Imagens

Vista aérea do litoral do município de João Pessoa (PB), em 2016.

João Prudente/Opção Brasil Imagens

Vista do Parque Nacional da Chapada Diamantina, em Palmeiras (BA), em 2016.

Marcelo Hernandez/LatinContent/Getty Images

Vista da cidade de Santiago e, ao fundo, da cordilheira dos Andes, no Chile (América do Sul), em 2015.

G. Evangelista/Opção Brasil Imagens

Vista do Parque Nacional da Chapada dos Guimarães (MT), em 2014. Nota-se uma porção do terreno mais baixa em relação ao que está ao seu redor, na parte inferior da fotografia.

5 **Você identifica alguma dessas formas de relevo no município onde mora? Quais?**

Representar o mundo

Maquete

As formas de relevo podem ser representadas em mapas e maquetes.

As maquetes podem ser feitas de diversos materiais. Um deles é o papel machê, uma massa moldável feita à base de papel e cola.

1 **Em grupos, você e os colegas farão a maquete em papel machê de uma das formas de relevo representadas a seguir. Observe as fotografias.**

Maquete de planície.

Maquete de planalto.

Maquete de depressão.

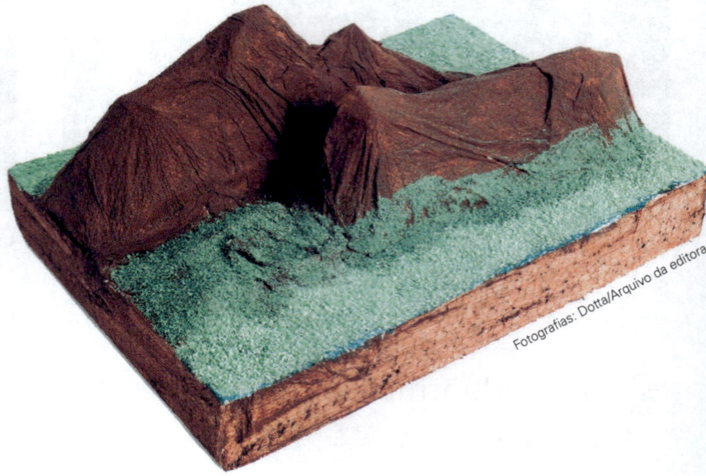

Maquete de cadeia de montanhas.

Material necessário

Para o papel machê

- 1 rolo de papel higiênico
- 1 quilograma de farinha de trigo
- 1 peneira não muito fina
- 1 bacia grande com água
- 3 colheres de sopa de cola branca

Ilustrações: Jótah/Arquivo da editora

Para a maquete

- Massa de papel machê preparada por vocês
- Lixa para acabamento fino
- Tinta guache ou plástica de várias cores
- Pincel
- Placa de isopor ou pedaço de madeira ou de compensado (para servir de base)

Procedimento

1. Piquem o papel higiênico e coloquem os pedacinhos na bacia com água.
2. Deixem de molho de um dia para o outro.
3. Aos poucos, retirem o papel molhado da bacia e coloquem na peneira para escorrer toda a água, sem espremer. Devolvam a massa para a bacia.
4. Acrescentem a farinha de trigo, aos poucos, e mexam com as mãos até a massa ficar lisa e firme. Se ficar dura, coloquem mais água.
5. Juntem a cola e misturem com as mãos. A massa de papel machê já está pronta.
6. Moldem a forma do relevo escolhida pelo grupo. Para isso, retomem as características estudadas na unidade e observem as fotografias da página ao lado.
7. Depois que a massa secar, lixem suavemente e pintem sua superfície prestando atenção nos elementos das paisagens, como árvores e rios. A maquete está pronta!

As maquetes criadas pelos grupos poderão fazer parte de uma exposição em sala de aula. Durante a exposição, cada grupo deve explicar aos colegas a forma de relevo representada e como ela foi construída.

Conectando saberes

Superando altitudes

Os seres humanos ocupam diferentes formas de relevo. Algumas, porém, são inabitadas e bem desafiadoras ao acesso humano.

Nas escaladas, para alcançar o pico de montanhas elevadas, os alpinistas enfrentam muitas dificuldades, como a falta de ar. A dificuldade de respirar ocorre porque, quanto maior é a **altitude**, há menos oxigênio disponível. Isso dificulta a respiração. Observe.

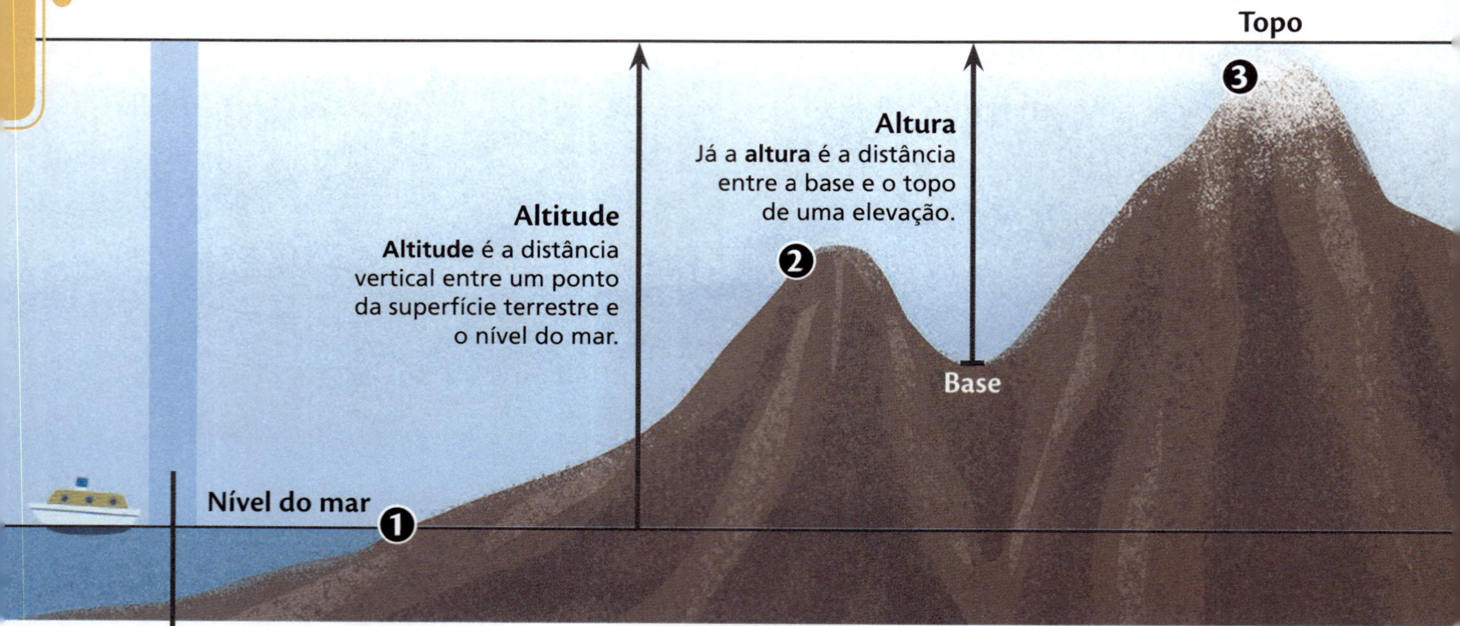

Ilustração esquemática sem escala, elaborada pelos autores.

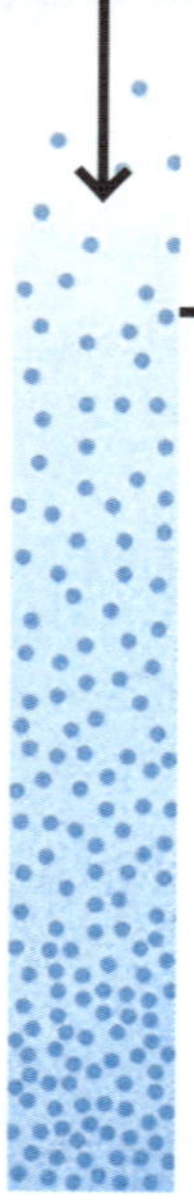

A variação na concentração de oxigênio e outros gases atmosféricos acontece porque a pressão que o ar exerce sobre a superfície terrestre, chamada pressão atmosférica, varia conforme a altitude.

Veja como a capacidade de respirar é afetada por essa variação nas situações **1**, **2** e **3**.

3 Muitas vezes, é necessário usar máscara de oxigênio.

2 Com a elevação da altitude diminui a pressão atmosférica e começa a dificuldade para respirar.

1 Em locais de menor altitude, os gases atmosféricos são mais concentrados e há mais oxigênio, por isso não há dificuldade para respirar.

Ilustrações: Júlia Back

Fonte: NOVA Escola. Disponível em: <acervo.novaescola.org.br>. Acesso em: abr. 2018.

Spencer West, que tem deficiência física, chegou ao topo do Kilimanjaro, montanha com aproximadamente 6 mil metros de altitude, localizada na Tanzânia, África. Leia um trecho de uma reportagem que conta como foi esse desafio.

Homem sem pernas sobe o Kilimanjaro usando as mãos

Um americano sem pernas atingiu o cume do monte Kilimanjaro, a montanha mais alta da África, caminhando com as mãos para chegar até o topo. Spencer West perdeu as pernas quando tinha cinco anos, devido a uma **doença genética**.

[...]

Spencer cumpriu parte do trajeto em cadeiras de roda e parte caminhando. Antes da subida, ele trabalhou com um ***personal trainer*** durante um ano para fortalecer os músculos dos braços.

"Foi muito importante a ajuda de meus amigos caminhando ao meu lado. Quando fomos nos aproximando do topo, foi mais difícil de respirar e minhas mãos, cotovelos e ombros começaram a doer", disse West.

Divulgação Mountain Climbing Adventures

Spencer West a caminho do topo do monte Kilimanjaro, em 2012.

doença genética: doença causada por danos nos genes, responsáveis por determinar as características de cada indivíduo.
***personal trainer*:** profissional que planeja um programa de exercícios físicos especialmente para uma pessoa, ajudando-a a executá-los. É uma expressão da língua inglesa.

GARCIA, Vera. Homem sem pernas sobe o Kilimanjaro usando as mãos. Disponível em: <www.deficienteciente.com.br>. Acesso em: maio 2018.

1 **Com base na leitura do texto, responda.**

a) Quais foram os desafios superados por Spencer West?

b) O que foi fundamental para West superar esse desafio e atingir seu objetivo?

2 **West diz que "Quando fomos nos aproximando do topo, foi mais difícil de respirar". Converse com os colegas e o professor: Por que West teve essa dificuldade?**

Vamos retomar

1 **Observe a fotografia abaixo e depois responda às questões.**

Cacobianchi/Acervo do fotógrafo

Túnel da Covanca no município do Rio de Janeiro (RJ), em 2012. Existem muitos morros, encostas e áreas rebaixadas nesse município.

a) O que você observa nela?

b) Que elemento da natureza é destacado na fotografia e na legenda? E quais são suas características?

c) Por que construções como essa são necessárias?

d) Compare as características do relevo do município onde você mora com as apresentadas nas informações sobre o município do Rio de Janeiro. Quais são as diferenças e as semelhanças?

e) Quais alterações na natureza foram feitas no município em que você mora para possibilitar a circulação de pessoas ou de mercadorias?

Autoavaliação

Vamos pensar sobre o que você aprendeu nesta unidade?

Marque com **X** a opção que melhor represente sua resposta a cada pergunta abaixo.

1. Você reconhece a importância dos rios?			
2. Você consegue identificar os principais rios do Brasil em um mapa?			
3. Você reconhece os impactos da ação humana nas águas de rios e represas?			
4. Você consegue nomear as principais formas de relevo do Brasil?			
5. Você reconhece a ação dos seres humanos no relevo e suas consequências?			
6. Você conseguiu construir uma maquete das principais formas de relevo?			
7. Você reconhece que os elementos da natureza estão relacionados?			

Sugestões

Para ler

Reprodução/Editora Formato

- **O belo, a linha, o horizonte, o menino e a montanha**, de Júnia Campas e Ronald Claver. São Paulo: Formato, 2000.

  O livro conta a história do menino André e de seu avô Joaquim. Grandes amigos, eles são também admiradores da bela montanha que rodeia a cidade e veem com muita tristeza a chegada de técnicos que vão explorá-la para extrair o minério que a constitui.

Reprodução/Dimensão

- **O caminho do rio**, de Elza Passini. Belo Horizonte: Dimensão, 2011.

  O livro traça o percurso de um rio, desde sua nascente até desembocar no mar. Durante o trajeto, são apresentadas diferentes formas de relevo.

UNIDADE

7 Recursos naturais, trabalho e espaço geográfico

Nesta unidade você vai:

- Reconhecer a importância de conservar os recursos naturais.
- Reconhecer que os recursos naturais são transformados pelos seres humanos.
- Reconhecer o significado de técnica e tecnologia, e identificar as consequências de sua utilização.
- Reconhecer o que é o espaço geográfico.
- Relacionar o trabalho com a transformação do espaço geográfico.

1. O que você observa nas fotografias? Em sua opinião, existe uma relação entre elas? Explique.
2. Quais recursos da natureza são necessários para cultivar o algodão?
3. Quais outros recursos naturais você conhece?
4. Além dos recursos naturais, o que mais está sendo usado no cultivo do algodão retratado na fotografia 1?

1. Colheita de algodão realizada com máquinas no município de Costa Rica (MS), em 2015.
2. Loja de roupas no município de Camanducaia (MG), em 2015.

Gerson Sobreira/Terrastock

1

João Prudente/Pulsar Imagens

2

Recursos naturais

Leia
O jogo de não jogar: uma história contra o desperdício

Leia
Seringueira

O ser humano utiliza diversos elementos disponíveis na natureza em suas atividades. Esses elementos são chamados **recursos naturais**. É por meio do trabalho que o ser humano explora os recursos naturais e os transforma em produtos que atendam suas necessidades.

Os recursos naturais são classificados em renováveis e não renováveis. Os **recursos naturais renováveis** são aqueles que não se esgotam ou se renovam, seja naturalmente, seja por meio da ação humana, como o cultivo de plantas. A água, o ar, o solo e a luz solar são exemplos de recursos renováveis. Observe as fotografias.

Gerson Sobreira/Terrastock

Plantação de morango no município de Jaboti (PR), em 2015. O solo é muito importante para várias atividades humanas, sobretudo para a agricultura. Embora seja um recurso natural renovável, a má utilização do solo pode torná-lo impróprio para o plantio.

Marcos André/Opção Brasil Imagens

Plantação de eucaliptos no município de Veredinha (MG), em 2015. Do eucalipto podem-se obter vários produtos, como a celulose, utilizada na fabricação do papel. As árvores são um exemplo de recurso natural renovável.

Os **recursos naturais não renováveis** são aqueles que não se renovam naturalmente (ou demoram milhares ou milhões de anos para isso) nem podem ser repostos ou reproduzidos pela ação humana. O petróleo, o gás natural, o carvão mineral, o minério de ferro e o ouro são exemplos de recursos não renováveis.

Luca Atalla/Pulsar Imagens

Plataforma de exploração de petróleo no município do Rio de Janeiro (RJ), em 2015. O petróleo é um óleo de cor escura extraído do subsolo (abaixo da superfície terrestre e do fundo dos oceanos e mares – subsolo marinho). Ele é utilizado na fabricação de muitos produtos, como plástico, borracha, tintas e combustíveis.

Luciana Whitaker/Pulsar Imagens

Esteira transportadora de carvão mineral para carregamento de trem em mineradora no município de Siderópolis (SC), 2016. O carvão mineral é utilizado como combustível na produção de energia elétrica e na fabricação de medicamentos, plástico, entre outros produtos.

Os recursos naturais podem se esgotar na natureza. Mesmo os renováveis podem se tornar escassos ou inadequados ao consumo. É o caso da água, por exemplo: se poluída ou desperdiçada em proporções muito grandes, não poderá ser utilizada para atender às necessidades dos seres humanos nem garantir a sua sobrevivência e a dos animais e vegetais. É fundamental conservar os recursos naturais para assegurar sua utilização no presente e também no futuro.

1 Observe as fotografias abaixo e responda às questões a seguir.

Lucas Lacaz Ruiz/Futura Press

Extração de areia no município de Jacareí (SP), em 2013. A areia é utilizada na construção civil, na pavimentação de ruas e na fabricação de vidro.

Karlheinz Weichert/Tyba

Extração de minério de ferro no município de Ouro Preto (MG), em 2014. O minério de ferro é utilizado na produção de aço, máquinas, ferramentas, automóveis, aviões e navios, e, na construção civil, para fazer pontes, viadutos e edifícios.

a) As fotografias retratam a extração de quais recursos naturais?

....

b) Esses recursos naturais são utilizados em quais atividades?

....

....

c) Onde esses recursos naturais são transformados em produtos para serem utilizados? Como eles podem ser transportados até os locais onde serão utilizados ou transformados?

Troca de ideias

- A extração de recursos naturais, como mostrado nas fotografias acima, provoca modificação na paisagem? Explique.

Trabalho e recursos naturais

Leia

Como fazíamos sem...

Por meio do trabalho, o ser humano obtém o que precisa para viver. Durante sua história, ele vem acumulando conhecimentos sobre como aproveitar melhor e transformar os recursos naturais para atender às suas necessidades. Esses conhecimentos possibilitaram o desenvolvimento de diversas maneiras (processos) de extrair e utilizar os recursos da natureza, produzir mercadorias e oferecer serviços. Esses processos são chamados **técnicas**. Observe as fotografias.

Paulo Fridman/Pulsar Imagens

Fábrica de motores de automóveis, no município de Camaçari (BA), em 2015.

João Prudente/Opção Brasil Imagens

Plantação de maracujá em pequena propriedade no município de Jussiape (BA), em 2016.

1 **Em sua opinião, quais conhecimentos as pessoas das fotografias precisam ter para realizar seus trabalhos?**

Um operário na indústria, por exemplo, precisa saber manusear equipamentos, acompanhar a produção, verificar se as mercadorias foram feitas de acordo com as normas da empresa, entre outros procedimentos específicos.

Já um agricultor precisa saber que deve preparar a terra antes do plantio, colocar produtos para favorecer o crescimento das plantas, conhecer a época de plantio e de colheita, irrigar a plantação nos períodos certos, entre tantos outros procedimentos, para que possa obter uma boa safra.

Esses exemplos de procedimentos para realizar atividades de trabalho na indústria e na agricultura mostram a utilização de técnicas.

Tecnologia e problemas ambientais

Foi desenvolvendo técnicas variadas que o ser humano confeccionou desde machados de pedra, há milhares de anos, até sofisticados computadores, nos dias atuais. O conjunto das técnicas e dos conhecimentos desenvolvidos pelos seres humanos é chamado **tecnologia**. A tecnologia possibilitou o desenvolvimento de técnicas e aparelhos para atender às necessidades do ser humano. Mas será que o desenvolvimento técnico e tecnológico trouxe somente benefícios? Observe a fotografia.

Edilson Dantas/Folhapress

Grande concentração de poluentes no ar na cidade de São Paulo (SP), por causa da poluição causada principalmente pelos veículos. Fotografia de 2015.

Para viver, necessitamos dos recursos naturais, que estão na base de tudo o que consumimos e utilizamos. Por isso, é fundamental pensarmos no uso desses recursos a fim de suprir nossas necessidades hoje e também no futuro. Isso é o que chamamos **desenvolvimento sustentável**.

Vamos falar sobre...

A tecnologia a favor da natureza

A tecnologia também pode ser usada a favor da natureza. São diversos os exemplos, que vão desde máquinas mais eficientes e menos poluentes até equipamentos e programas de computadores que possibilitam acompanhar o que está acontecendo com as florestas para denunciar desmatamentos ilegais.

Outro exemplo da tecnologia em favor da natureza é a utilização da internet para divulgar e incentivar projetos de desenvolvimento sustentável e de conservação.

- **Organizem-se em grupos e criem uma campanha na internet, indicando atitudes que as pessoas podem adotar no dia a dia para contribuir com a conservação do ambiente.**

Espaço geográfico

Observe a fotografia.

Vista aérea de *shopping center* e seu entorno, no município de Salvador (BA), em 2017. Este tipo de estabelecimento reúne lojas diversas, cinemas, restaurantes e outros serviços.

1 Responda às questões.

a) O que você observa na paisagem retratada na fotografia acima?

....

....

b) Em sua opinião, é grande a circulação de pessoas no local retratado? Explique.

....

....

2 Agora, converse com os colegas e o professor:

a) Por que há grandes avenidas próximo ao *shopping center*?

b) Que recursos naturais foram usados na construção dele? Cite alguns exemplos.

c) De onde vêm os produtos que são vendidos nas lojas do *shopping center*?

d) Essa construção pode ter causado danos ao ambiente? Quais?

Ao refletir sobre as questões levantadas na atividade 2 da página anterior, procuramos compreender como a sociedade se relaciona com o espaço em que vive, como modifica esse espaço e quais são as consequências dessas modificações. Dessa maneira, estudamos o **espaço geográfico**.

Os seres humanos constroem o espaço geográfico por meio do trabalho, usando seus conhecimentos e suas técnicas. Mas isso não é feito de forma isolada. Os membros da sociedade estabelecem relações entre si e com a natureza, e isso acontece continuamente. O espaço geográfico, portanto, está em constante transformação e é resultado do trabalho da sociedade. Assim, nele também estão presentes os elementos naturais e os produzidos pela ação humana – a paisagem –, além da própria sociedade, suas relações e ações.

Na produção do espaço geográfico, os seres humanos desenvolvem diversas atividades econômicas, produzindo bens (produtos) e prestando serviços, para atender às suas necessidades (alimentação, vestuário, moradia, educação, saúde, entre outras). Por meio das atividades econômicas, são geradas riquezas para o desenvolvimento do município, estado e país. Observe as fotografias abaixo.

1

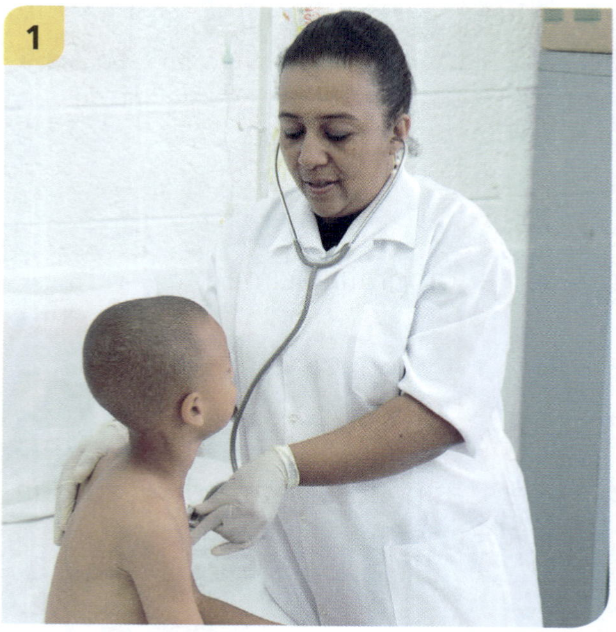

Fernando Favoretto/Criar Imagem

Médica prestando atendimento a criança, no município de São Caetano do Sul (SP), em 2014.

2

Ernesto Reghran/Pulsar Imagens

Trabalhador rural colhendo laranjas no município de Santa Cruz do Rio Pardo (SP), em 2015.

3 **Qual serviço está sendo prestado na fotografia 1? E qual mercadoria está sendo produzida na fotografia 2?**

Saída de observação: atividades econômicas no bairro

Objetivo: Identificar algumas das atividades econômicas que são desenvolvidas no bairro da escola.

Planejamento: Com o professor e os colegas, combine o percurso.

Durante a saída: Anote as atividades das pessoas que você observa trabalhando nas ruas e nos diversos estabelecimentos (lojas, escritórios, padarias, bares, oficinas, entre outros), o nome das empresas e as atividades que desenvolvem.

De volta à sala de aula: Converse com os colegas sobre suas anotações.

Para finalizar: Escreva um relatório indicando as empresas e os profissionais que você observou e o tipo de atividade que desenvolvem.

4 **Observe a fotografia a seguir e, considerando o conceito de espaço geográfico, explique de que maneira os seres humanos estão se relacionando com a natureza. Em sua explicação, utilize as palavras do quadro abaixo.**

seres humanos	recursos naturais	trabalho

Andre Dib/Pulsar Imagens

Desmatamento na vegetação de Cerrado para abertura de pastagem, no município de Araguaiana (MT), em 2017.

Vamos retomar

1 Observe as fotografias de uma praia do município de Fortaleza (Ceará).

Arquivo Nirez/Imagem Brasil

Praia do Mucuripe em 1945.

Lula Sampaio/Opção Brasil Imagens

Praia do Mucuripe em 2016.

a) O que você observa em cada fotografia?

b) Quanto tempo se passou entre uma fotografia e outra?

c) O que aconteceu com a paisagem nesse período?

d) As grandes transformações observadas nesse local foram geradas pela ação da natureza ou pela ação do ser humano? Por que você acha que essas mudanças ocorreram? Explique.

Autoavaliação

Vamos pensar sobre o que você aprendeu nesta unidade?

Marque com **X** a opção que melhor represente sua resposta a cada pergunta abaixo.

1. Você reconhece a importância de conservar os recursos naturais?			
2. Você reconhece que os recursos naturais são transformados pelos seres humanos?			
3. Você reconhece o significado de técnica e tecnologia e identifica as consequências de sua utilização?			
4. Você reconhece o que é espaço geográfico?			
5. Você consegue relacionar o trabalho com a transformação do espaço geográfico?			

Sugestões

Para ler

Reprodução/Panda Books

- **Como fazíamos sem...**, de Barbara Soalheiros. São Paulo: Panda Books, 2006.

  Hoje temos à disposição uma série de produtos e serviços criados por meio do trabalho humano. Mas nem sempre foi assim. Descubra como eles foram inventados e desenvolvidos, em um longo processo de interação entre sociedade e natureza.

Reprodução/Atual

- **O jogo de não jogar: uma história contra o desperdício**, de Julieta de Godoy Ladeira. São Paulo: Atual, 2010.

  Ao ler este livro, você vai aprender um jogo diferente: o jogo de não jogar nada fora desnecessariamente e de economizar água e outros recursos.

Reprodução/Martins Fontes

- **Seringueira**, de Fabiana Werneck Barcinski. São Paulo: Martins Fontes, 2010.

  Neste livro, você aprende sobre a seringueira, árvore que proporciona importante atividade econômica no Brasil, e sobre como a sociedade brasileira se relaciona com o meio ambiente.

UNIDADE

8 Agricultura, pecuária e extrativismo

Nesta unidade você vai:

- Reconhecer as principais atividades econômicas realizadas no campo.
- Reconhecer as consequências do uso de diferentes técnicas nas atividades rurais.
- Descrever as principais características da agricultura, da pecuária e do extrativismo.
- Reconhecer o processo de transformação de matérias-primas em produtos.
- Comparar diferentes tipos de mapa.

1. O que você observa nas fotografias?
2. Quais são as atividades econômicas mostradas nas fotografias?
3. Essas atividades são geralmente praticadas no espaço urbano ou no rural?
4. Qual é a importância dessas atividades para a sociedade?

1. Colheita de mangas no município de Petrolina (PE), em 2015.
2. Criação de gado para a produção de leite no município de Chapecó (SC), em 2015.

1

Delfim Martins/Tyba

2

Cesar Diniz/Pulsar Imagens

Agricultura e pecuária

Pense nos alimentos que você consome diariamente. Muitos deles você consome em estado natural, outros foram produzidos na indústria, mas todos têm origem na agricultura, na pecuária ou no extrativismo.

Leia
Rupi! O menino das cavernas

A **agricultura** é a atividade econômica de cultivo de plantas para a alimentação ou para o fornecimento de matérias-primas utilizadas nas indústrias.

Geralmente desenvolvida no espaço rural, a atividade agrícola consiste, basicamente, em preparar o solo, semear (lançar as sementes) ou plantar as mudas, realizar os cuidados no cultivo durante o crescimento das plantas e, no tempo certo, colher o que foi produzido.

Andre Dib/Pulsar Imagens

Colheita mecanizada de arroz no município de Douradina (PR), em 2015.

Cesar Diniz/Pulsar Imagens

Colheita manual de coentro no município de Petrolina (PE), em 2016.

A **pecuária** é a atividade econômica de criação de animais para o consumo alimentar ou para o fornecimento de matérias-primas para as indústrias. Dentre os produtos obtidos com a pecuária estão: carne, leite, couro e lã. Há criações de bovinos (bois e vacas), suínos (porcos), ovinos (carneiros e ovelhas), caprinos (bodes e cabras), aves (frangos e galinhas, por exemplo), entre outras. Observe as fotografias.

Cesar Diniz/Pulsar Imagens

Criação de frango para produção de carne no município de Cunha Porã (SC), em 2015.

Fagner Almeida/Opção Brasil Imagens

Criação de carneiros e ovelhas (ovinos) no município de Pedras Altas (RS), em 2014.

As criações podem ser realizadas de maneira **intensiva**, em que os animais são confinados, ocupando espaços mais restritos, e recebem cuidados específicos, como suplementos alimentares para ganhar peso mais rapidamente; e de maneira **extensiva**, na qual os animais são criados soltos, em grandes extensões de terra, com alimentação dependente em geral das pastagens naturais.

Troca de ideias

- **Você sabe se há atividade agrícola e pecuária no município em que mora? Faça uma pesquisa e descubra quais produtos são cultivados e que animais são criados. Depois, compartilhe as informações com os colegas.**

Técnicas agropecuárias

A agricultura e a pecuária são atividades que dependem, em parte, das condições naturais, como os tipos de solo, de clima e de relevo e a hidrografia dos locais. Para tentar superar as condições naturais desfavoráveis e aumentar a produção, o ser humano desenvolveu diversas técnicas.

Em locais de pouca chuva e longos períodos de seca, por exemplo, é possível fazer a irrigação, levando água de rios, represas ou reservatórios até os cultivos. Para melhorar a fertilidade do solo, são usados adubos naturais (como na fotografia ao lado) ou adubos químicos (desenvolvidos pelos seres humanos). Para prevenir ou controlar organismos que prejudicam o desenvolvimento das plantas, são aplicados agrotóxicos nas plantações.

Gerson Gerloff/Pulsar Imagens

Agricultor adubando canteiro com esterco animal e casca de arroz no município de Arroio Grande (RS), em 2014.

Essas técnicas ajudam a produzir mais alimentos; porém, se feitas de maneira inadequada, podem trazer vários prejuízos para o ambiente, entre eles a escassez de água e a contaminação do solo e da água por agrotóxicos e fertilizantes.

1 Observe a fotografia abaixo e leia sua legenda. Depois converse com os colegas e o professor sobre as questões a seguir.

Gerson Sobreira/Terrastock

Plantação de café afetada pela seca no município de Seabra (BA), em 2014.

a) Que problema atingiu essa plantação?

b) De que maneira esse problema poderia ter sido evitado?

Tipos de agricultura

Há famílias no Brasil que plantam ou criam a maior parte daquilo que consomem. É a chamada **agricultura de subsistência**. Entretanto, atualmente predominam a agricultura familiar e a agricultura comercial.

Leia
Que delícia de bolo!

Na **agricultura familiar**, a maior parte dos trabalhadores pertence à família e a atividade agropecuária é sua principal fonte de renda. As propriedades são geralmente pequenas e produzem diferentes tipos de alimentos, inclusive gêneros alimentícios obtidos com as criações.

Na **agricultura comercial**, a maior parte dos funcionários é contratada. As propriedades geralmente são grandes, costuma-se cultivar um único produto e é intensivo o uso de agrotóxicos, fertilizantes e de máquinas. O uso de máquinas no campo reduz a necessidade de trabalhadores rurais, gerando desemprego.

Tanto na agricultura familiar como na comercial, o destino da produção é o comércio. Mas a agricultura familiar gera boa parte dos alimentos consumidos pelos brasileiros; a produção da agricultura comercial destina-se geralmente às indústrias, para a fabricação de outros produtos, e é vendida também para outros países.

Vamos falar sobre...

O direito à terra no Brasil

José Carlos Daves/Agência Estado

Manifestação pelo direito à terra no município de Porto Alegre (RS), 2016.

Um dos maiores problemas do campo no Brasil é a distribuição desigual de terras, ou seja, enquanto inúmeros trabalhadores rurais não possuem terras para produzir, extensas áreas pertencem, muitas vezes, a um único dono. Por isso, muitos trabalhadores rurais brasileiros se organizam em movimentos sociais para lutar pelo direito à terra e ao trabalho no campo. Eles reivindicam, entre outras coisas, melhor distribuição das terras, principalmente daquelas que não são utilizadas, chamadas improdutivas.

1. **Por que a distribuição de terras é importante?**
2. **Em sua opinião, qual é a importância de manifestações como a mostrada na fotografia? Converse com os colegas e o professor.**

Extrativismo

O **extrativismo** é a atividade econômica de extração de recursos naturais para consumo ou para utilização na fabricação de outros produtos.

Conforme a origem do recurso natural, a atividade extrativa pode ser:

- **vegetal**: quando retira da natureza recursos vegetais, como a madeira;
- **animal**: quando retira da natureza recursos animais por meio da caça e da pesca;
- **mineral**: quando extrai da natureza recursos minerais, como o sal.

Delfim Martins/Pulsar Imagens

Extrativismo vegetal: corte de madeira no município de Paragominas (PA), em 2014.

Ricardo Oliveira/Tyba

Extrativismo animal: pesca no município de Manaus (AM), em 2016.

Extrativismo mineral: extração de sal no município de Araruama (RJ), em 2016.

Muitos dos produtos obtidos do extrativismo, da atividade agrícola e da pecuária são usados na indústria para a produção de bens ou mercadorias, por isso são chamados **matéria-prima**.

O petróleo, o carvão mineral e o gás natural, que também são extraídos da natureza, são considerados **recursos energéticos**, ou seja, são recursos naturais utilizados para gerar energia. Do petróleo extraem-se o óleo *diesel* e a gasolina (utilizados como combustível para movimentar motores de veículos); o carvão mineral, o petróleo e o gás natural são utilizados para gerar energia elétrica por meio de usinas, chamadas termelétricas.

1 **Cite três produtos consumidos por você que tenham origem no extrativismo ou utilizem matéria-prima com essa origem. Indique se o extrativismo é vegetal, animal ou mineral.**

....

....

....

2 **Escolha uma matéria-prima obtida do extrativismo e transformada na indústria. No caderno, elabore um breve texto descrevendo o caminho que essa matéria-prima faz até o seu consumo, utilizando estas palavras:**

extração	transformação	transporte	compra	venda

Tipos de mapa

Podemos conhecer e estudar o espaço geográfico e suas transformações por meio de textos, fotografias, filmes e mapas. Os mapas, por exemplo, podem representar diferentes informações e características do espaço geográfico. Veja:

- Os **mapas políticos**, como os que você viu nas páginas 52 e 53, podem representar os limites dos municípios, estados e países, bem como a localização das capitais e principais cidades do território representado.
- Os **mapas físicos** apresentam características dos elementos naturais da superfície da Terra. São exemplos de mapas físicos os mapas de hidrografia e de relevo, que você viu nas páginas 97 e 103, respectivamente.
- Os **mapas econômicos** informam, por exemplo, a produção de diferentes atividades econômicas (agricultura, pecuária, extrativismo, indústria e comércio), conforme o mapa 1.

1 **Brasil: produção de origem animal (início do século XXI)**

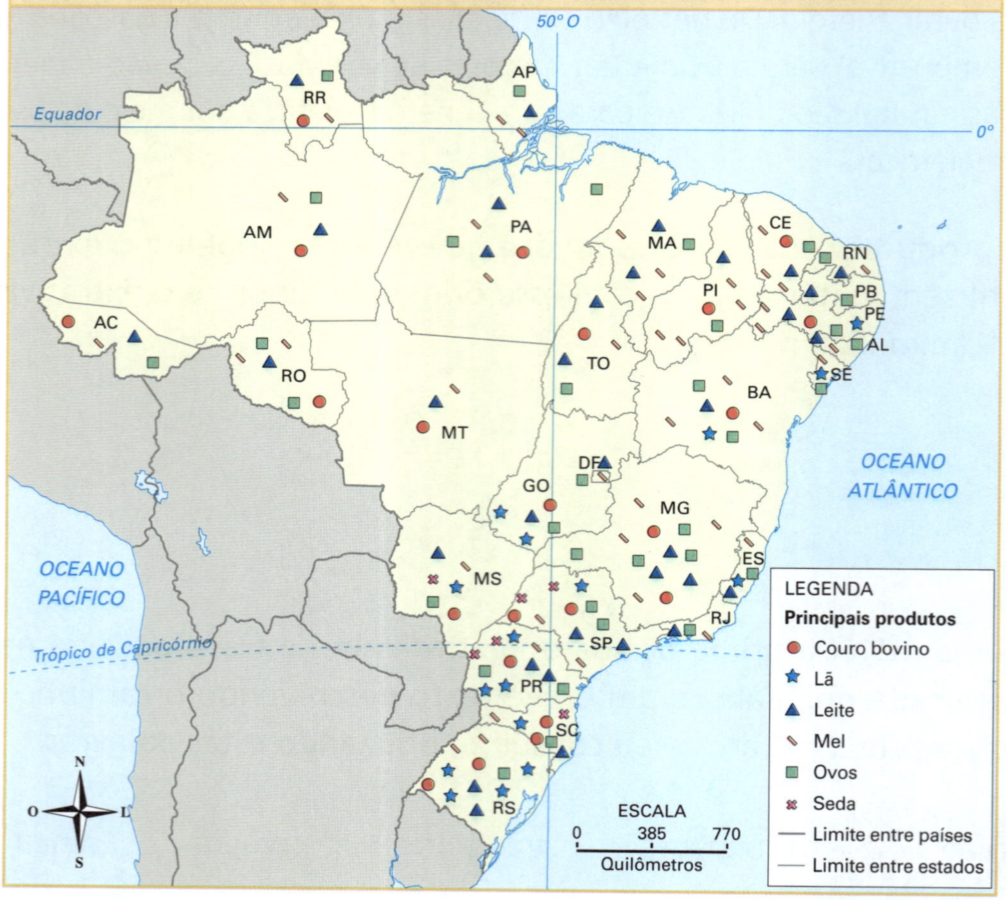

Banco de imagem/Arquivo da editora

Fonte: CALDINI, Vera; ÍSOLA, Leda. **Atlas geográfico Saraiva**. São Paulo: Saraiva, 2013. p. 44.

- Os **mapas demográficos** apresentam informações sobre a população do local representado, conforme o mapa 2, e os **mapas históricos** representam determinada característica do espaço no passado, conforme o mapa 3. Observe.

2 Brasil: população – 2017 (estimativa)

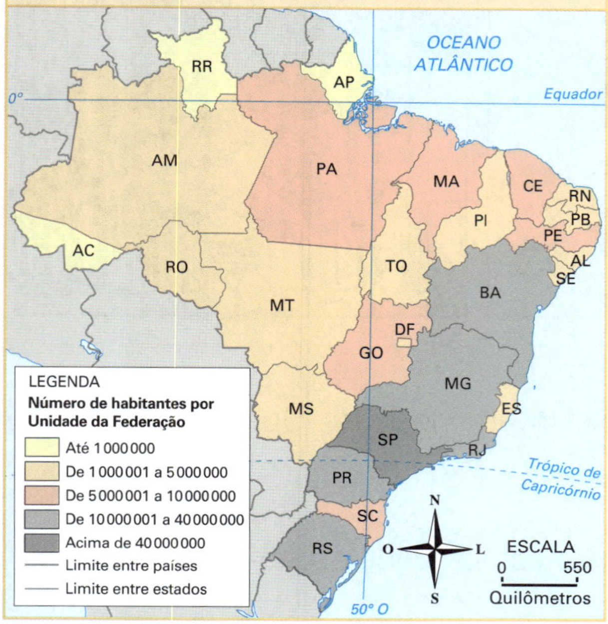

Fonte: IBGE. População. Disponível em: <www.ibge.gov.br>. Acesso em: maio 2018.

3 Brasil: nações indígenas – século XVI

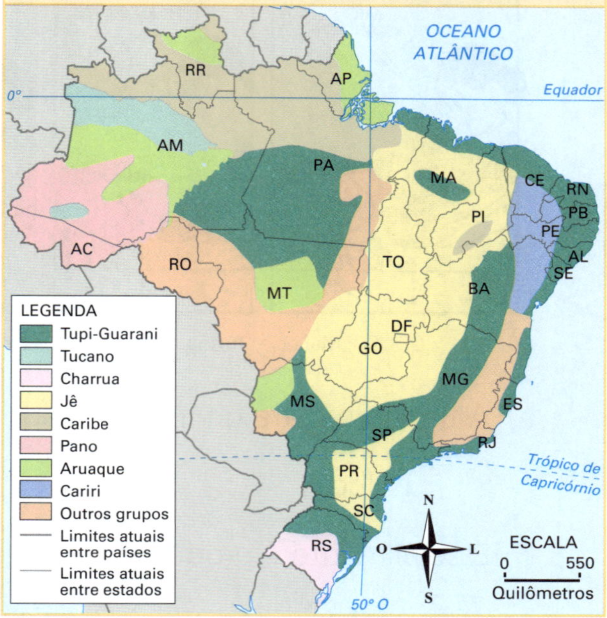

Fonte: ALBUQUERQUE, Manoel Maurício de; REIS, Arthur Cézar Ferreira; CARVALHO, Carlos Delgado de. **Atlas histórico escolar**. Rio de Janeiro: Fename, 1980. p. 10.

1. Qual é o território representado nos mapas desta página e da anterior?

....

2. Que tipo de informação cada mapa apresenta?

   a) Mapa 1: ....

   b) Mapa 2: ....

   c) Mapa 3: ....

3. Quais são as diferenças e as semelhanças entre os mapas apresentados? Converse com os colegas e o professor.

Vamos retomar

1 Leia esta tirinha.

SOUSA, Mauricio. **Turma da Mônica**. Disponível em: <http://turmadamonica.uol.com.br/>. Acesso em: maio 2018.

a) A tirinha mostra um produto agrícola cultivado no Brasil. Que produto é esse?

☐ milho ☐ café ☐ laranja

b) Esse alimento é produzido por meio de qual atividade econômica?

☐ pecuária ☐ agricultura ☐ extrativismo

2 **As ilustrações a seguir mostram o processo de fabricação do queijo. Numere as ilustrações, colocando-as na ordem correta.**

Ilustrações: Giz de Cera/Arquivo da editora

Autoavaliação

Vamos pensar sobre o que você aprendeu nesta unidade? Marque com **X** a opção que melhor represente sua resposta a cada pergunta abaixo.			
1. Você reconhece quais são as principais atividades econômicas realizadas no campo?			
2. Você reconhece as consequências do uso de diferentes técnicas nas atividades rurais?			
3. Você consegue descrever as principais características da agricultura, da pecuária e do extrativismo?			
4. Você reconhece o processo de transformação de matérias-primas em produtos?			
5. Você conseguiu comparar diferentes tipos de mapa?			

Sugestões

Para ler

- **Que delícia de bolo!**, de Elza Calixto e Sílvia Calixto. Belo Horizonte: Dimensão, 2012.

  Por meio de um delicioso bolo de chocolate, você vai conhecer como são produzidos o leite, os ovos e o açúcar, entre outros ingredientes. Assim, vai entender o processo produtivo desses alimentos, desde o cultivo até chegar a sua casa.

Reprodução/Dimensão

- **Rupi! O menino das cavernas**, de Timothy Bush. São Paulo: Brinque-Book, 1997.

  Neste livro, você vai conhecer Rupi, um menino que vive no tempo das cavernas e que, por sua sabedoria, se transforma no chefe da sua tribo. Ele ordena o início da agricultura de subsistência e a domesticação dos animais. Algo bem estranho para quem costumava caçar.

Reprodução/Brinque-Book

UNIDADE

9 Indústria, comércio e serviços

Nesta unidade você vai:

- Reconhecer o que é atividade industrial.
- Reconhecer o que é artesanato e sua importância como expressão artística e cultural.
- Explicar a importância da reciclagem.
- Identificar as características da atividade comercial.
- Reconhecer a importância dos diversos tipos de serviços.
- Reconhecer a importância do consumo consciente.

1. O que você observa em cada fotografia?

2. Você e sua família contribuem para aumentar o problema mostrado na fotografia 1? Explique.

3. A fotografia 2 mostra uma possível solução para o problema que você apontou na questão anterior? Explique.

4. Imagine o caminho que as garrafas retratadas nas fotografias percorrem até chegar aos destinos observados. Quais atividades estão envolvidas nesse processo?

1. Trecho do rio Tietê no município de Salto (SP), em 2016.

2. Jardim suspenso com garrafas PET no município de Novo Airão (AM), em 2015.

Rubens Chaves/Pulsar Imagens

Ismar Ingber/Pulsar Imagens

Atividade industrial

Vamos fazer uma investigação?

Coloque todo o seu material escolar sobre a carteira. Observe atentamente cada objeto e tente identificar a matéria-prima usada na fabricação dele. Anote todas as informações. Veja também o que os colegas anotaram.

Muitos dos produtos que utilizamos em nosso dia a dia, como o material escolar, são fabricados pela indústria. É a indústria que transforma as matérias-primas em produtos para o uso das pessoas ou de outras indústrias, que os utilizam para a fabricação de outros produtos.

Observe nas fotografias a seguir exemplos de indústrias.

Rogerio Reis/Tyba

João Prudente/Pulsar Imagens

O leite, retirado de vacas e de outros animais, é a principal matéria-prima na fabricação de muitos alimentos industrializados que consumimos, entre eles o queijo. À esquerda, ordenha mecânica no município de Carmo de Minas (MG), em 2016. À direita, indústria de queijo no município de Bueno Brandão (MG), em 2016.

Alipio Z. da Silva/Kino

Alex Silva/Agência Estado

O aço, feito de minerais, sobretudo o ferro, é produzido na indústria. Ele é matéria-prima para a fabricação de diversos produtos, entre eles os automóveis. À esquerda, bobinas de aço no município de Vitória (ES), em 2013. À direita, linha de montagem de indústria automobilística no município de Goiana (PE), em 2015.

Além das matérias-primas, as indústrias necessitam de máquinas, energia e trabalho humano. Por causa dessas necessidades, e da maior oferta de mão de obra e de consumidores, as indústrias se localizam principalmente no espaço urbano.

Atualmente, a maior parte do que consumimos é produzida nas indústrias. Mas será que os produtos sempre foram feitos assim? Observe abaixo a reprodução de uma gravura e compare-a com as fotografias de indústria da página anterior.

Antes do surgimento da indústria, que ocorreu na Inglaterra por volta de 1750, o modo de produzir era artesanal. Nesse modo, geralmente um único trabalhador produzia as mercadorias, utilizando instrumentos simples e realizando todas as etapas do processo de produção. Esse trabalho era realizado na própria casa do artesão ou em oficinas. É importante destacar que o modo de produção artesanal existe até hoje.

Ullstein bild/Getty Images

Gravura de Philip Galle, feita entre os anos de 1580 e 1605. Nela se veem artesãos confeccionando relógios em oficina.

O uso das máquinas operadas por pessoas possibilitou produzir maior quantidade de produtos em menos tempo. Houve também uma padronização das mercadorias, que foram sendo produzidas cada vez mais com as mesmas características e o mesmo padrão de qualidade. Além disso, essa transformação exigiu que a produção fosse realizada nas fábricas e por muitas pessoas, que passaram a executar apenas uma parte do processo e a receber um salário pelo trabalho executado. Esses trabalhadores foram chamados **operários**.

Mais recentemente, a utilização de robôs na indústria, substituindo o trabalho de muitas pessoas, tem aumentado ainda mais a velocidade da produção industrial.

Troca de ideias

1. Por que cada vez mais máquinas e robôs são utilizados na produção industrial?

2. Com o aumento do uso dessas máquinas, o que deve acontecer com o número de empregos? E com o ambiente?

A atividade industrial e o ambiente

Leia
Não afunde no lixo!

A produção industrial trouxe muitos problemas para o ambiente. Além de gerar resíduos, como gases (liberados na forma de fumaça) e substâncias líquidas (que são despejadas em rios, mares e solo), o aumento da produção exigiu a extração de mais recursos naturais para serem utilizados como matéria-prima. Contribuiu, ainda, para a geração de grande quantidade de lixo.

Diante de tal situação, os seres humanos vêm desenvolvendo técnicas para diminuir esses problemas. Uma delas é a **reciclagem de materiais**, processo que transforma em novos os produtos já utilizados. A reciclagem evita que mais recursos sejam retirados da natureza e diminui a quantidade de lixo produzido.

Observe novamente a primeira fotografia da abertura desta unidade. Lá você viu um trecho de rio poluído com produtos feitos de plástico, especialmente garrafas PET. Atualmente cada vez mais fazemos uso do plástico. Essa matéria-prima é utilizada para a fabricação de embalagens, brinquedos, utensílios domésticos e muitos outros produtos.

Leia o texto a seguir e aprenda mais sobre um tipo de plástico.

PET, para que te quero?

Conheça as vantagens e desvantagens desse material comum em garrafas de bebidas

Não precisa procurar muito, pois é bem fácil encontrá-lo: o PET – sigla para polietileno tereftalato – é usado na fabricação de uma porção de coisas, como garrafas de refrigerantes, águas, sucos, óleos comestíveis, medicamentos, produtos de higiene e limpeza, cosméticos e fibras têxteis. [...]

O PET foi descoberto pelos químicos ingleses John Rex Whinfield e James Tennant Dickson em 1941. Após a descoberta, eles conseguiram produzir fibras de PET para substituir o algodão, o linho e a lã [...].

Dmitry Naumov/Shutterstock.com

[...] No Brasil, as embalagens feitas de PET começaram a ser usadas em 1988. O sucesso em todo o mundo foi grande, pois esse tipo de embalagem apresenta várias vantagens: são transparentes, inquebráveis, impermeáveis e leves, o que diminui o custo de transporte do produto.

Por outro lado, há desvantagens. As matérias-primas usadas na produção do PET são derivadas do petróleo, sendo, por isso, consideradas matérias-primas não renováveis. Além disso, as embalagens descartadas no lixo geram um grande problema ambiental, uma vez que demoram mais de 100 anos para se decompor. Por isso, há um grande estímulo para a reciclagem deste material.

No Brasil, reciclamos 51% das garrafas utilizadas, o que nos coloca em segundo lugar entre os países que mais reciclam este tipo de material, atrás apenas do Japão. O PET reciclado é usado principalmente para a fabricação de cordas, fios de costura e cerdas de vassouras e escovas.

Se você quiser ajudar a aumentar ainda mais a reciclagem do PET, é fácil: procure cestos de coleta seletiva de plásticos, geralmente na cor vermelha, e coloque suas garrafas vazias lá! O meio ambiente agradece...

SILVA, Joab Trajano da. PET, para que te quero? **Ciência Hoje das Crianças**. Disponível em: <http://chc.org.br/>. Acesso em: maio 2018.

Ana Elisa Lins/Flickr

Lixeiras para coleta seletiva no município de Curitiba (PR), em 2016.

1 Cite uma vantagem e uma desvantagem do uso das embalagens PET.

....

....

....

2 Observe o esquema abaixo, que mostra as etapas do processo de reciclagem do plástico.

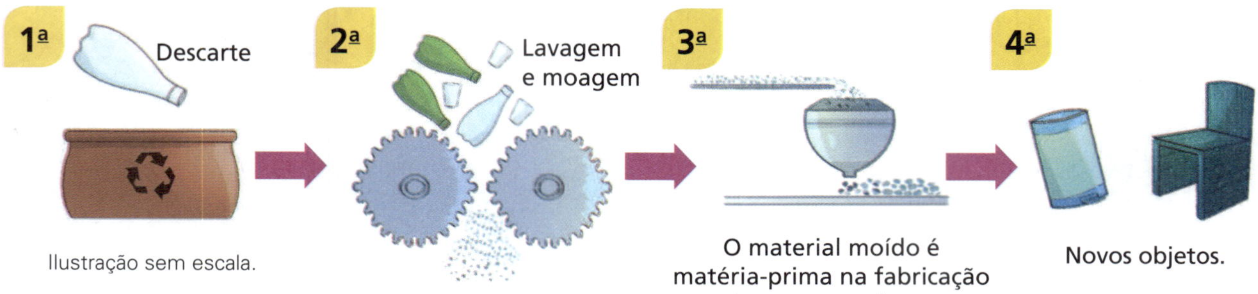

Ilustração sem escala.

Giz de Cera/Arquivo da editora

Fonte: RECICLOTECA. Disponível em: <www.recicloteca.org.br>. Acesso em: maio 2018.

- Assinale em qual delas você e sua família podem participar.

☐ 1ª etapa ☐ 2ª etapa ☐ 3ª etapa ☐ 4ª etapa

Ampliar horizontes

Artesanato: produção, arte e cultura

O artesanato é uma atividade desenvolvida por vários povos do mundo, muito antes da industrialização, como você estudou nesta unidade. Além de ser uma forma de produzir bens, é uma importante expressão artística e cultural.

O artesanato reflete o modo de viver de cada povo, suas tradições, habilidades de transformar recursos da natureza e sua capacidade de criação e de expressão artística. Por meio dele é possível conhecer a história e a diversidade cultural das nações em todo o mundo.

Conheça um pouco sobre o artesanato de dois países: Marrocos e Peru.

Neil Farrin/Age Fotostock/Easypix Brasil

A produção artesanal de tapetes é uma especialidade do Marrocos, país localizado na África. Os tapetes são produzidos com matérias-primas variadas, entre elas a lã, e os desenhos e modelos variam de acordo com a região. A maneira artesanal de produzir é passada de geração em geração. Na fotografia, tapetes em Rabat (Marrocos), em 2015.

Pakhnyushchyy/Shutterstock

Na região da cordilheira dos Andes, cadeia de montanhas da América do Sul, povos indígenas habitantes do Peru mantêm a tradição de seus antepassados produzindo tecidos de forma artesanal. Uma das matérias-primas utilizadas é a lã obtida do pelo da lhama e da alpaca, animais típicos da região. Na fotografia, artesã em Cusco (Peru), em 2015.

1 No município ou no estado em que você mora é comum a prática de atividades artesanais? Se sim, escolha uma dessas atividades e pesquise informações sobre ela, como: qual é a matéria-prima utilizada, quem são os artesãos e qual é a importância dela para a comunidade. Organize essas informações em um cartaz e mostre aos colegas.

Comércio

O comércio é a atividade de compra e venda de mercadorias. As pessoas que compram esses produtos são chamadas **consumidores**.

No município onde você mora certamente há estabelecimentos que vendem produtos variados. É o caso de supermercados, farmácias, lojas de roupas, de calçados, *shopping centers,* entre outros. Esses locais são chamados **estabelecimentos comerciais**.

A maior parte do que é produzido nas indústrias e de forma artesanal, assim como na agricultura, na pecuária e no extrativismo, tem como destino o comércio.

Os estabelecimentos comerciais se concentram nas cidades, por causa da presença do grande número de pessoas (trabalhadores e consumidores) nesse espaço. Muitos deles comercializam alimentos e matérias-primas produzidos no campo, nas atividades agrícolas e no extrativismo. Dessa forma, o comércio promove grande circulação de mercadorias entre o campo e a cidade.

1 **Observe a fotografia e depois responda às questões.**

Marcia Minillo/Olhar Imagem

Rua comercial no centro da cidade de São Paulo (SP), em 2015.

a) O que você observa na fotografia? Em seu município há ruas como essa?

....

....

b) Você e sua família costumam comprar em locais como esse? Por quê?

....

....

Nas cidades também é comum o comércio ambulante, realizado nas ruas, nas praças e nos parques, onde o comerciante circula com as mercadorias.

Observe a fotografia ao lado.

Delfim Martins/Tyba

O comércio ambulante oferece mercadorias de tipos variados. Na fotografia, venda de roupas usadas no município de Juazeiro do Norte (CE), em 2015.

Um tipo de comércio que vem crescendo no Brasil e no mundo é o comércio eletrônico ou virtual. Nesse tipo de comércio, a compra e a venda de mercadorias (e serviços) são realizadas pela internet, sem a necessidade de um estabelecimento comercial, e a entrega do produto é feita no local determinado pelo comprador. Esse tipo de comércio permite a compra de produtos de qualquer local do mundo.

Giz de Cera/Arquivo da editora

Troca de ideias

1. Quais são as vantagens do comércio eletrônico para o consumidor? E as desvantagens?

2. Você e seus familiares costumam fazer compras pela internet? Quais são os cuidados que as pessoas devem ter ao fazer esse tipo de compra?

As propagandas são um instrumento para informar as pessoas sobre as características de um produto ou de um serviço. Por isso, elas são importantes para a atividade comercial e de serviços. A televisão, a internet, os jornais e as revistas são alguns dos veículos de transmissão das propagandas. Mas as propagandas também incentivam o **consumismo**, que é o consumo exagerado daquilo que não precisamos no momento.

Você já comprou algo e depois percebeu que não precisava?

Giz de Cera/Arquivo da editora

O crescimento do consumo e do consumismo vem causando prejuízos ao ambiente, pois incentiva a produção e consequentemente a exploração dos recursos naturais. Lembre-se de que tudo o que o ser humano produz tem como matéria-prima elementos da natureza.

Vamos falar sobre...

Consumo consciente

Leia
A economia de Maria

Comprar apenas aquilo de que precisamos é uma forma de **consumo consciente** ou **consumo responsável**. Então, a próxima vez que sair com sua família para ir ao supermercado ou ao *shopping center*, decidam antes de sair o que vocês vão adquirir e comprem apenas o que foi combinado. Com essa atitude, vocês aprenderão a consumir de modo consciente, gastando menos dinheiro e colaborando com o ambiente.

1. **Você é um consumidor consciente? Faça uma lista de atitudes que podemos ter para consumir sem exagero.**
2. **Em sua opinião, ser um consumidor consciente é contribuir para a conservação do ambiente? Explique.**

Serviços

As atividades econômicas que não produzem nem comercializam mercadorias são chamadas **serviços**. Assistência médica, transporte, educação, lazer, trabalho doméstico, turismo, fornecimento de energia e saneamento básico (água tratada, coleta de esgoto e de lixo) são tipos de serviços. Essas atividades atualmente empregam a maior parte das pessoas no Brasil.

Observe a fotografia ao lado.

Cesar Diniz/Pulsar Imagens

Caminhão de coleta de leite em propriedade rural no município de Cunha Porã (SC), em 2015.

1 **Que tipo de serviço e que mercadoria estão representados na fotografia? Descreva o seu percurso até chegar ao consumidor.**

2 **Quais cuidados devem ser tomados na obtenção, no transporte e no armazenamento desse produto até que ele chegue ao consumidor?**

As atividades ligadas à comunicação também são classificadas como serviços. Com a expansão da internet, da utilização do telefone celular e da TV a cabo, por exemplo, novas atividades surgiram e outras cresceram: criação e manutenção de *sites*; *telemarketing*; manutenção de redes de telefonia; entre outros.

Apesar de haver grande oferta desses e de outros serviços, parte da população, que recebe baixos salários ou não tem rendimentos, não pode adquiri-los.

LIGAMUNDO

GEOGRAFIA

ELIAN ALABI LUCCI
ANSELMO LAZARO BRANCO

CADERNO DE ATIVIDADES

NOME: ______________________________ TURMA: ________

ESCOLA: ______________________________

4º ano

Ensino Fundamental • Anos Iniciais

Editora Saraiva

São Paulo – 1ª edição – 2018

Editora Saraiva

Direção geral: Guilherme Luz
Direção editorial: Luiz Tonolli e Renata Mascarenhas
Gestão de projeto editorial: Tatiany Renó
Gestão e coordenação de área: Wagner Nicaretta (ger.) e Brunna Paulussi (coord.)
Edição: Simone de Souza Poiani
Gerência de produção editorial: Ricardo de Gan Braga
Planejamento e controle de produção: Paula Godo, Roseli Said e Marcos Toledo
Revisão: Hélia de Jesus Gonsaga (ger.), Kátia Scaff Marques (coord.), Rosângela Muricy (coord.), Ana Paula C. Malfa, Brenda T. M. Morais, Flavia S. Vênezio, Paula T. de Jesus; Amanda Teixeira Silva e Bárbara de M. Genereze (estagiárias)
Arte: Daniela Amaral (ger.), Claudio Faustino (coord.), Felipe Consales (edição de arte)
Diagramação: MRS Editorial
Iconografia: Sílvio Kligin (ger.), Denise Durand Kremer (coord.), Daniel Cymbalista e Evelyn Torrecilla (pesquisa iconográfica)
Licenciamento de conteúdos de terceiros: Thiago Fontana (coord.), Luciana Sposito e Angra Marques (licenciamento de textos), Erika Ramires, Luciana Pedrosa Bierbauer, Luciana Cardoso e Claudia Rodrigues (analistas adm.)
Tratamento de imagem: Cesar Wolf e Fernanda Crevin
Ilustrações: Ilustra Cartoon
Design: Gláucia Correa Koller (ger.), Erika Tiemi Yamauchi Asato (capa e proj. gráfico) e Talita Guedes da Silva (capa)

Avenida das Nações Unidas, 7221, 1º andar, Setor A –
Espaço 2 – Pinheiros – SP – CEP 05425-902
SAC 0800 011 7875
www.editorasaraiva.com.br

2023
Código da obra CL 800662
CAE 628069 (AL) / 628070 (PR)
1ª edição
10ª impressão

Impressão e acabamento Gráfica Eskenazi

Uma publicação SOMOS EDUCAÇÃO

Apresentação

Este é o seu Caderno de Atividades.

Nele, você vai encontrar mais desafios para ajudar a ampliar seus conhecimentos e os conteúdos tratados no livro.

Bom trabalho e vamos lá!

Bentinho/Arquivo da editora

SUMÁRIO

Bentinho/Arquivo da editora

O município e o meu lugar

Município – campo e cidade

1 Geralmente, o município é formado pelo espaço urbano, que compreende a cidade, e pelo espaço rural, ou campo. Observe a fotografia a seguir.

Ernesto Reghran/Pulsar Imagens

Fotografia aérea do município de Guaraci, no estado do Paraná, em 2015.

- Agora faça o que se pede.

a) Anote o nome do município retratado na fotografia e o do estado onde ele está localizado.

....

b) Contorne o espaço urbano com uma canetinha **vermelha**.

c) Na fotografia, que elementos fazem parte do espaço urbano?

....

....

d) Que elementos fazem parte do espaço rural?

....

....

2 **Em revistas, jornais ou na internet, pesquise duas fotografias: uma representando o espaço urbano e outra representando o espaço rural. Depois, faça o que se pede.**

a) Recorte ou imprima as fotografias que você selecionou.

b) Cole-as no espaço abaixo e escreva uma legenda para cada uma, informando o local e algumas características do espaço retratado.

Espaço urbano

Espaço rural

Como surgiram os municípios?

3 **O texto abaixo conta a origem do município de Aurilândia, localizado no estado de Goiás. Leia-o e, depois, responda às questões.**

A cidade teve seu início com a descoberta de um **garimpo** de ouro entre o rio São Domingos e o ribeirão Santa Luzia, no município de Paraúna, região fértil e fartamente irrigada. Com a constante **afluência** de famílias, atraídas pelo garimpo, formou-se o povoado, que recebeu o nome de Santa Luzia, homenagem à padroeira do lugar e nome do ribeirão próximo.

Cessada a mineração, voltaram-se os habitantes para as atividades agrícolas. A povoação foi elevada a distrito com o nome de Marilândia em referência a Mário Melo, incentivador da localidade.

[...]

Elevado à categoria de município com a denominação de Aurilândia, pela Lei Estadual n. 173, de 07/10/1948 [...].

IBGE Cidades. Disponível em: <https://cidades.ibge.gov.br>. Acesso em: maio 2018.

garimpo: exploração de minérios de forma manual.
afluência: movimento de pessoas para um local.
cessada a mineração: com o fim da atividade mineradora.

a) Qual é a origem do atual município de Aurilândia?

....

....

....

b) Como o povoado se formou e que nomes recebeu? Quando foi elevado à categoria de município?

....

....

....

Espaço urbano

4 Observe a pintura abaixo.

Madrugada, de Cristiano Sidoti, 2015 (óleo sobre tela, de 50 cm × 70 cm).

- Agora, escreva **C** para as alternativas corretas e **E** para as erradas.

☐ A pintura retrata uma paisagem do campo, pois observamos nela mais elementos naturais do que elementos construídos pelos seres humanos.

☐ No espaço rural não há grande concentração de construções.

☐ Na cidade, há concentração de construções e de vias de circulação, mas não há movimentação de pessoas e de veículos. Por isso, essa pintura não retrata o espaço urbano.

☐ A pintura retrata uma paisagem da cidade, pois mostra elementos característicos do espaço urbano, como avenidas, viaduto, muitos edifícios e grande número de veículos.

5 Leia o trecho da letra da canção abaixo.

A cidade

[...]
E a cidade se apresenta
Centro das ambições
Para mendigos ou ricos
E outras armações
Coletivos, automóveis, motos
e metrôs
Trabalhadores, patrões, policiais,
camelôs
A cidade não para
A cidade só cresce
O de cima sobe
E o de baixo desce
[...]

SCIENCE, Chico. A cidade. Intérprete: Chico Science & Nação Zumbi. **Da lama ao caos**. Sony, 1994.

- Em sua opinião, qual das fotografias abaixo combina com o trecho da letra da canção? Por quê?

Sergio Pedreira/Pulsar Imagens

Trecho da cidade de Salvador, no estado da Bahia, em 2017.

Cassiohabib/Shutterstock

Trecho da cidade de Caravelas, no estado da Bahia, em 2017.

Espaço rural

6 Observe a reprodução de uma pintura do artista brasileiro Jocelino Soares.

Moça com feixe de cana (versão II), de Jocelino Soares, 2003 (óleo sobre tela, de 100 cm × 80 cm).

■ Agora responda:

a) A pintura mostra uma paisagem do campo ou da cidade? Por quê?

....

....

b) Na pintura, quais elementos são naturais e quais foram construídos pelos seres humanos?

....

....

c) Que outros elementos poderiam existir no espaço rural e não estão retratados na pintura?

....

A sociedade e o município

A sociedade

1 Observe a fotografia e leia a legenda. Depois, responda às questões.

Diego Grandi/Shutterstock

Banca de frutas no Mercado Municipal de São Paulo, localizado no centro da cidade de São Paulo, em 2017.

a) Que produtos você observa na fotografia? Onde eles são produzidos e como chegam até o local de venda?

b) Qual é a importância do trabalho de quem produziu as frutas para as pessoas da cidade?

2 Como você estudou, na sociedade as pessoas dependem umas das outras e, por meio do trabalho, modificam os lugares onde vivem. Com base nessa ideia, faça o que se pede.

a) Pesquise, em revistas, jornais ou na internet, duas fotografias: uma de pessoas trabalhando no campo e outra de pessoas trabalhando na cidade.

b) Recorte ou imprima as fotografias, cole-as no espaço abaixo e escreva o local e os tipos de trabalho retratados.

Pessoas trabalhando no campo

Pessoas trabalhando na cidade

3 No texto a seguir, você vai conhecer um pouco do modo de vida das comunidades quilombolas de Oriximiná, um município do estado do Pará. Leia-o e observe a fotografia. Depois, responda às questões.

Manejando a floresta

Para garantir sua alimentação e a geração de renda, os quilombolas dependem em muito de suas florestas, onde caçam e coletam uma infinidade de produtos, como a castanha, o açaí, a bacaba, o cipó-titica, a palha e o breu. Os produtos extraídos de seus territórios são utilizados não só como alimento, mas também na confecção de suas casas, na produção de utensílios e ainda para fins **terapêuticos**.

Sua alimentação básica são o peixe e a farinha de mandioca. [...] Os alimentos adquiridos na cidade são, basicamente, açúcar, café, macarrão, arroz, feijão, sal, óleo e biscoitos.

terapêutico: medicinal, curativo.

Cada família possui seu roçado, onde planta principalmente a mandioca, o milho e a banana. Com importância relativa bem menor, são cultivados também: feijão, arroz, caupi, hortaliças, abacaxi, cana-de-açúcar, tabaco, cupuaçu, acerola, coco e pupunha.

Paulo Santos/Acervo H

Produção de farinha de mandioca na comunidade quilombola Pancada, no município de Oriximiná (PA), em 2016.

[...] Homens e mulheres trabalham na agricultura. Os primeiros se dedicam principalmente às operações de **broca** e derruba; as mulheres, ao plantio e à capina do roçado. Embora cada família tenha seu próprio roçado, é comum a organização de puxiruns (denominação regional para mutirão), em que toda a comunidade se reúne para trabalhar em um único roçado.

broca: corte de mato ou arbustos para preparar a terra para o cultivo.

A maior parte da produção agrícola destina-se ao autoconsumo. O restante (principalmente de banana e farinha de mandioca) é comercializado na cidade de Oriximiná. As principais dificuldades para comercializar a produção em melhores condições são as grandes distâncias dos mercados consumidores e a falta de transporte. [...]

COMISSÃO Pró-Índio de São Paulo. Quilombolas em Oriximiná. Disponível em: <www.quilombo.org.br>. Acesso em: maio 2018.

a) Por que as florestas são importantes para as comunidades quilombolas de Oriximiná?

....

....

....

b) O que essas comunidades produzem e o que compram na cidade?

....

....

c) Como é o trabalho das mulheres e dos homens nessas comunidades quilombolas? As atividades que eles desenvolvem são semelhantes ou diferentes das praticadas pelos grupos sociais dos quais você faz parte? Explique.

....

....

....

....

Integração entre campo e cidade

4 **O campo e a cidade se inter-relacionam de diferentes modos. Observe a ilustração a seguir.**

a) Quais meios de transporte você observa na ilustração? Por onde circulam e que espaços eles interligam?

b) Quais elementos da ilustração indicam integração entre o campo e a cidade também pelo fluxo de energia elétrica e pelos meios de comunicação?

c) Com base na ilustração, cite uma atividade desenvolvida no campo da qual dependem as pessoas da cidade.

Bentinho/Arquivo da editora

5 **Como você estudou, no Brasil, a partir dos anos 1950, muitas pessoas deixaram o campo para viver nas cidades. Você conhece pessoas que migraram? O que será que motivou a migração dessas pessoas?**

a) Entreviste um adulto que migrou do campo para a cidade ou que seja filho ou neto de alguém que tenha migrado. Pode ser um familiar, um amigo ou um vizinho.

b) Na entrevista, procure saber:

- Nome, idade e onde a pessoa que migrou nasceu.
- Qual era seu trabalho ou o de seus pais no campo.
- Como era a moradia e como obtinha alimentos e outros produtos necessários para viver no campo.
- Qual a cidade escolhida e por que foi para lá.
- Se a pessoa que migrou relatou dificuldades na cidade e, em caso afirmativo, quais.

c) Registre a seguir as informações que você obteve na entrevista.

Limites territoriais, orientação e o município

Limite dos municípios

1 Observe o mapa a seguir. Depois, responda às questões.

Estado do Rio de Janeiro: divisão municipal – 2017

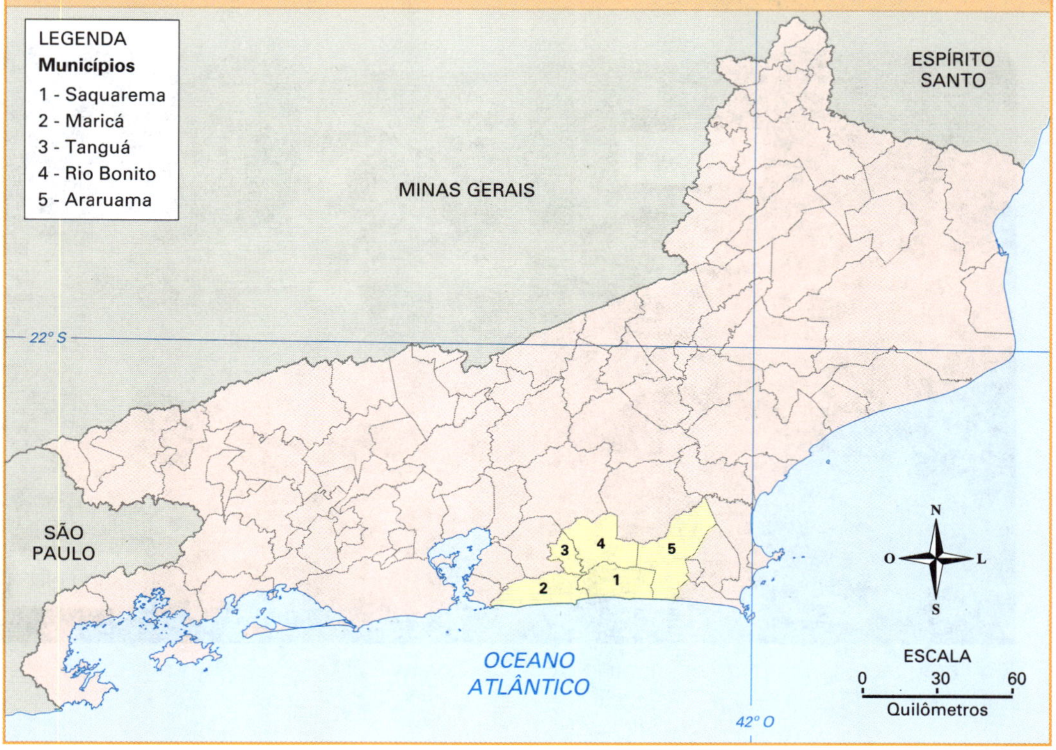

Fonte: IBGE Cidades. Disponível em: <https://cidades.ibge.gov.br>. Acesso em: jun. 2018.

a) O que o mapa representa?

....

....

b) Quais municípios fazem limite com Saquarema?

....

....

2 Escreva:

a) um limite natural do município onde você vive (se houver):

....

b) o nome de dois municípios vizinhos:

....

3 **Observe a fotografia a seguir.**

Rio Paraguaçu, limite entre os municípios de Cachoeira e São Félix, ambos no estado da Bahia, em 2016.

a) Que municípios estão indicados na fotografia? Em que estado se localizam?

....

....

b) Que elemento estabelece o limite entre os municípios? Esse elemento é natural ou construído pelos seres humanos?

....

....

A orientação

4 A fotografia abaixo mostra parte de Jequié, município localizado no estado da Bahia. Observe que a direção norte está marcada na fotografia. Tomando como referência a Igreja Matriz de Jequié (ao centro da fotografia), marque **X** nas respostas corretas.

Ivo Leandro/Acervo do fotógrafo

Vista do município de Jequié, no estado da Bahia, em 2006.

a) O que se localiza a oeste da igreja, ao fundo da fotografia?

- [ ] uma escola
- [ ] um campo de futebol
- [ ] morros

b) O que se localiza ao sul da igreja?

- [ ] um terminal de ônibus
- [ ] uma praça
- [ ] um cemitério

Organização do território brasileiro

5 Observe o mapa abaixo. Depois, responda às questões.

Brasil: divisão política e regiões do IBGE

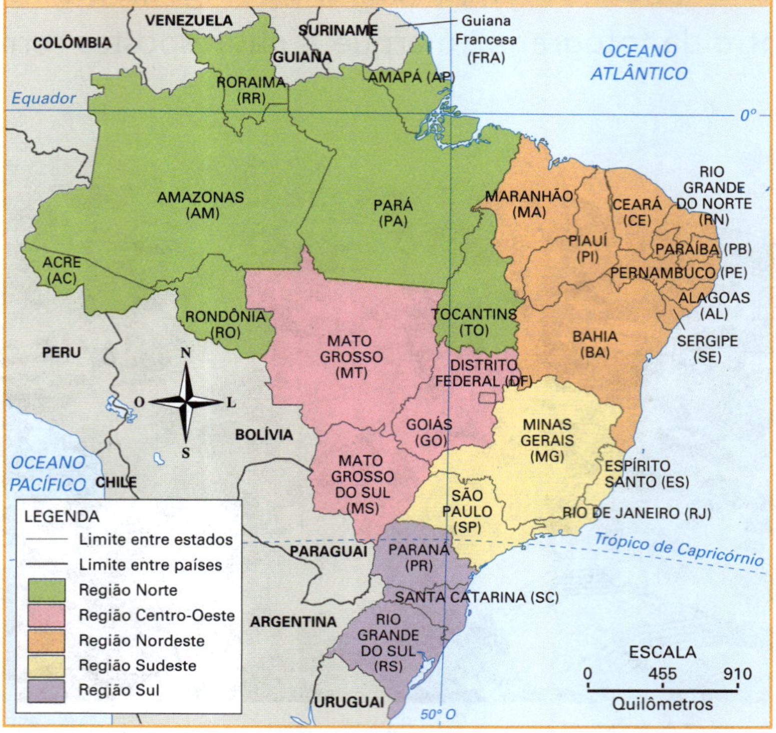

Banco de imagem/Arquivo da editora

Fonte: IBGE. **Atlas geográfico escolar**. 7. ed. Rio de Janeiro, 2016. p. 90 e 94.

a) O IBGE agrupou os estados brasileiros em cinco regiões. Que regiões são essas?

....

....

b) Em qual dessas regiões está localizado o estado onde você mora?

....

c) Quais são os estados que fazem parte da região onde você mora?

....

....

6 Observe os mapas a seguir. Depois, escreva **C** nas frases corretas.

América do Sul: político

Banco de imagem/Arquivo da editora

Fonte: IBGE. **Atlas geográfico escolar**. 7. ed. Rio de Janeiro, 2016. p. 41.

Mapa-múndi: político

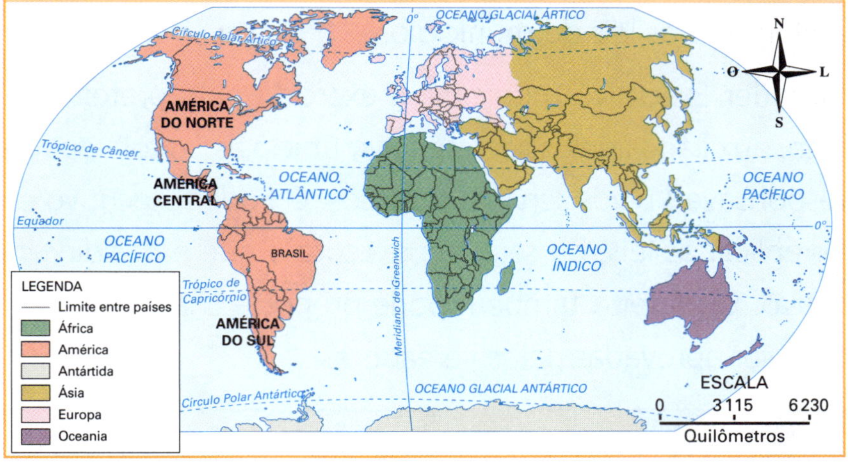

Banco de imagem/Arquivo da editora

Fonte: IBGE. **Atlas geográfico escolar**. 7. ed. Rio de Janeiro, 2016. p. 34.

☐ A Bolívia localiza-se a oeste do Brasil.

☐ O Uruguai localiza-se ao norte do Brasil.

☐ O território brasileiro é menor do que o território do Paraguai.

☐ O oceano Atlântico localiza-se a leste do território brasileiro.

☐ No mapa-múndi político, a África é o continente representado pela cor verde.

Governo do município e cidadania

O governo dos municípios

1 **Você se lembra das principais funções dos poderes Legislativo e Executivo? Leia o texto abaixo para recordar e, depois, complete o quadro.**

O Poder Legislativo municipal é formado pelos vereadores, que trabalham na Câmara dos Vereadores e são responsáveis por criar as leis do município e fiscalizar se os serviços públicos oferecidos estão adequados às necessidades de seus moradores, entre outras funções. Cada município tem uma quantidade de vereadores, que varia conforme o número de habitantes e as leis do município.

O Poder Executivo municipal é exercido pelo prefeito e pelo vice-prefeito, auxiliados pelos secretários municipais, escolhidos pelo prefeito e responsáveis pelos serviços públicos. O Poder Executivo é responsável por aplicar as leis, ou seja, ele executa o que é decidido pelo Poder Legislativo. O prefeito também pode propor a criação de leis, mas elas precisam ser aprovadas pelos vereadores.

	Representado por:	Funções principais
Poder Legislativo		
Poder Executivo		

2 Observe as fotografias a seguir. Elas mostram uma praça pública e um córrego localizados em municípios brasileiros.

Danilo Verpa/Folhapress

Praça Luigi Palma, no município de São Paulo (SP), em 2017.

Cesar Diniz/Pulsar Imagens

Córrego Mulungu, no município de Juazeiro (BA), em 2016.

a) Que problemas você observa na fotografia 1?

....

....

....

b) E na fotografia 2?

....

....

....

c) Quem são os responsáveis pela má conservação da praça e do córrego?

....

....

....

....

Cidadania

3 Complete o quadro com alguns direitos e deveres do cidadão brasileiro.

Direitos	Deveres

4 Pesquise, em jornais, revistas e na internet, uma fotografia de um evento ou de uma manifestação que, em sua opinião, mostra pessoas exercendo a cidadania. Recorte-a e cole-a no espaço abaixo. Faça uma legenda para a fotografia.

5 O infográfico a seguir apresenta nove maneiras de ser cidadão. Leia-o e, depois, faça o que se pede.

Ser cidadão vai muito além de conviver em sociedade. É conviver bem e saber respeitar seus deveres, seus direitos e os direitos do outro.

VERDENOVO. Disponível em: <www.verdenovo.org/site/institucional>. Acesso em: jun. 2018.

a) Contorne de **vermelho** as atitudes cidadãs que você pratica no dia a dia.

b) Contorne de **verde** as atitudes cidadãs que você pretende praticar.

c) Escolha uma das atitudes cidadãs do infográfico e explique por que você a considera importante.

....

....

d) Em sua opinião, é fácil ser cidadão, como anuncia o título do infográfico? Por quê?

....

....

6 Leia a notícia a seguir.

> [...]
>
> Na internet, o idoso interage e socializa mais. Isso faz bem para o comportamento dele, já que ele fica mais ativo e se integra à realidade de hoje, em que boa parte da rotina envolve tecnologia.
>
> No Brasil, cada vez aumenta o número de pessoas acima de 50 anos envolvidas com as novas tecnologias. [...]
>
> Para o aposentado Geraldo Rocco, de 80 anos, o contato com a tecnologia garantiu a independência de poder pagar as próprias contas sem sair de casa [...].
>
> As novas possibilidades de interação com amigos e familiares, aliás, representam um dos grandes impactos positivos que o contato com *tablets*, *smartphones* e computadores podem trazer para os idosos. [...]
>
> VIEIRA, Ana Luísa. Vovós *online*: contato com a tecnologia na terceira idade estimula o cérebro e combate a depressão. **R7**. Disponível em: <https://noticias.r7.com>. Acesso em: jun. 2018.

a) Cite alguns benefícios que, segundo a notícia, a tecnologia pode trazer para as pessoas idosas.

b) No Brasil, o número de idosos que usam a internet tem aumentado ou diminuído?

c) Você conhece uma pessoa idosa que usa diariamente *tablets*, *smartphones* e computadores? O que essa pessoa é sua? Com qual finalidade ela usa esses aparelhos?

7 **Você viu que o Estatuto do Idoso regulamenta os direitos das pessoas com idade igual ou superior a 60 anos. Escreva no quadrinho de cada fotografia a letra da alternativa do direito do idoso a que ela se refere.**

a) Direito a moradia digna.

b) Direito a assento preferencial.

c) Direito à realização de atividade profissional adequada à sua idade e às suas condições físicas.

d) Direito ao lazer e ao esporte.

e) Direito à prevenção de doenças e à manutenção da saúde.

f) Direito a atendimento preferencial nos órgãos públicos ou locais prestadores de serviços.

G. Evangelista/Opção Brasil Imagens

Produção de tapeçaria artesanal no município de Diamantina (MG), em 2015.

Alessandro Shinoda/Folhapress

Programa de atividade física e reabilitação no município de São Paulo (SP), em 2013.

G. Evangelista/Opção Brasil Imagens

Metrô no município do Rio de Janeiro (RJ), em 2015.

Fernando Favoretto/Criar Imagem

Supermercado no município de São Paulo (SP), em 2013.

Cândido Neto/Opção Brasil Imagens

Moradia no município de Oeiras (PI), em 2015.

Rodolfo Buhrer/La Imagem/Fotoarena

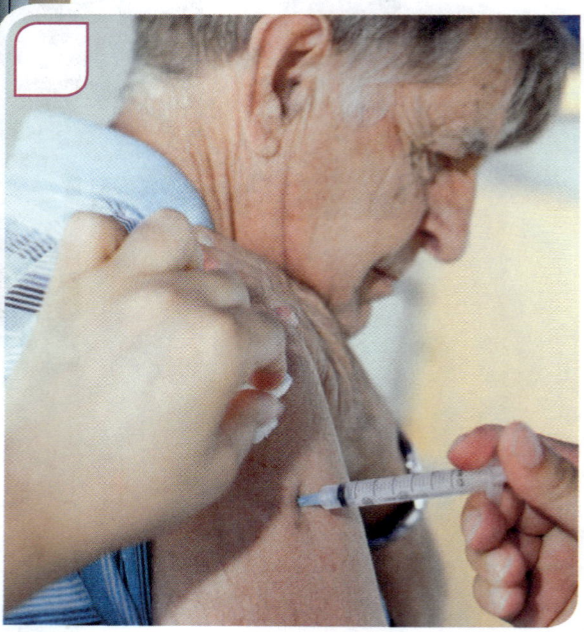

Vacinação contra gripe no município de Curitiba (PR), em 2016.

Natureza e sociedade: clima e formações vegetais

A relação entre os elementos naturais

1 Leia a notícia a seguir e observe a fotografia.

> Até a década de 1970, a crença geral era que as florestas são resultado do clima. Elas existem em climas tropicais porque chove muito. O cientista brasileiro Eneas Salati quis ver se era assim mesmo e descobriu que, na Floresta Amazônica, pelo menos metade de suas chuvas é gerada por ela mesma, a partir da evaporação e transpiração das plantas.
>
> Mas essa água toda não fica parada. Ela viaja pela atmosfera por toda a Bacia Amazônica e só termina de desaguar em partes da bacia do Rio Prata, entre Brasil, Paraguai, Uruguai e Argentina. Também contribui, em menor volume mas extrema importância, para as chuvas na região sudeste do país.
>
> O problema é que hoje cerca de 20% da floresta já não existe mais. [...] E quanto menos floresta, menos chuva. Até chegar um momento que o clima se torna seco demais para sustentar uma floresta tropical, e ela desaparece. [...]
>
> DESTRUIÇÃO da Amazônia está perto de atingir um ponto sem volta. **Galileu**. Disponível em: <https://revistagalileu.globo.com>. Acesso em: jun. 2018.

Bruno Kelly/Reuters/Fotoarena

Trecho da Floresta Amazônica desmatado para extração ilegal de madeira no município de Apuí (AM), em 2017.

a) De acordo com a notícia, de onde vem metade das chuvas da Floresta Amazônica?

b) Para onde vai toda essa água? Assinale a alternativa correta.

- [ ] A água permanece na floresta, provocando chuvas e inundando completamente o solo da Floresta Amazônica.
- [ ] A água vai diretamente para a região Sudeste do país, mas isso também não tem importância para a região.
- [ ] A água "viaja" pela atmosfera de toda a bacia Amazônica e termina de desaguar em partes da bacia do rio Prata (trecho do território percorrido por esse rio e seus afluentes), chegando a outros países da América do Sul.

c) A notícia trata da relação entre quais elementos naturais da Floresta Amazônica?

d) O que pode acontecer se continuar o desmatamento da Floresta Amazônica? Que fotografia mostra esse problema?

2 **Os elementos da natureza estão relacionados. Cite exemplos do que pode acontecer se um deles sofrer alteração.**

Tempo atmosférico

3 Todos os dias, diferentes meios de comunicação informam as condições do tempo atmosférico em todo o Brasil. Agora, você vai preencher um quadro com informações sobre o tempo atmosférico do lugar onde vive. Você pode fazer a pesquisa em jornais do seu município. Se preferir, pode pesquisar na internet, seguindo as dicas a seguir.

a) Com a ajuda de um adulto, acesse o *site* do Centro de Previsão de Tempo e Estudos Climáticos (CPTEC), do Instituto Nacional de Pesquisas Espaciais. Disponível em: <http://tempo.cptec.inpe.br>. Acesso em: maio 2018.

b) Na página que se abrirá, digite o nome do município onde você mora.

c) Aparecerão os seguintes dados: dia da semana, data, períodos do dia, temperatura máxima e temperatura mínima previstas, índice de probabilidade de chuva, índice ultravioleta (UV), horários do nascer e do pôr do sol no município onde você mora e previsão para o dia seguinte.

d) Agora, complete o quadro abaixo com as informações que você obteve.

Nome do município: ....

☐ domingo ☐ segunda-feira ☐ terça-feira

☐ quarta-feira ☐ quinta-feira ☐ sexta-feira

Data: ..../........../..........

Temperatura máxima: .... Temperatura mínima: ....

Probabilidade de chuva: ....

Nascer do sol: ....horas. Pôr do sol: ....horas.

Clima

4 **No Brasil ocorrem diferentes tipos de clima. Observe as fotografias.**

Zig Koch/Pulsar Imagens

Guilherme Artigas/Fotoarena

Nas fotografias do município de Curitiba (PR), observamos, à esquerda, pessoas usando roupas leves em janeiro, com o tempo quente; à direita, observamos pessoas agasalhadas em junho, para se proteger do frio. Fotografias de 2016.

Delfim Martins/Pulsar Imagens

Delfim Martins/Pulsar Imagens

À esquerda, açude no município de Penaforte (CE), em janeiro, no período de chuvas. À direita, o mesmo local, em novembro, no período da seca. Fotografias de 2018 e 2016, respectivamente.

- Agora, escreva os números das fotografias que se relacionam ao tipo de clima descrito.

☐ ☐ Calor praticamente o ano todo. Chove bastante em alguns meses, quando os rios ficam cheios, e pouco nos demais meses (época da seca).

☐ ☐ Durante um período do ano faz calor e em outro faz muito frio, com chuvas regulares o ano todo.

Formações vegetais

5 Qual é o nome de cada formação vegetal retratada nas fotografias a seguir? Escreva na linha perto da legenda da fotografia. Use os nomes que estão no quadro.

Floresta Tropical	Caatinga
Mangue	Mata de Araucária

Rita Barreto/Fotoarena

Paisagem do município de Delmiro Gouveia (AL), em 2017.

....

Fabio Colombini/Acervo do fotógrafo

Paisagem do município de Paraty (RJ), em 2017.

....

Ismar Ingber/Pulsar Imagens

Paisagem do município de Gramado (RS), em 2018.

....

Edu Lyra/Pulsar Imagens

Paisagem do município de Marapanim (PA), em 2017.

....

6 **Você sabe qual é a formação vegetal que ocorre no município ou no estado em que você vive?**

a) Faça uma pesquisa em jornais, revistas ou na internet para descobrir. Pode ser que haja mais de um tipo de vegetação. Nesse caso, selecione apenas dois tipos. Escreva suas principais características abaixo.

b) Recorte ou imprima algumas fotografias que representem os tipos de vegetação selecionados. Cole-as no quadro a seguir, identificando a vegetação apresentada com uma legenda.

Unidades de Conservação

7 Leia o texto a seguir.

> [...]
>
> Muitos povos e civilizações reconheceram, ao longo da história, a necessidade de proteger áreas naturais com características especiais, por motivos os mais diversos: estas áreas podiam estar associadas a mitos, fatos históricos marcantes e à proteção de fontes de água, caça, plantas medicinais e outros recursos naturais.
>
> Com o passar do tempo, muitas áreas naturais foram sendo destruídas para dar lugar à ocupação humana. Animais e plantas foram eliminados, alguns desapareceram e outros, até os dias atuais, ainda correm risco de extinção.
>
> [...]
>
> O governo brasileiro protege as áreas naturais por meio de Unidades de Conservação (UC) – estratégia extremamente eficaz para a manutenção dos recursos naturais em longo prazo. [...]
>
> MINISTÉRIO do Meio Ambiente. Unidades de Conservação. Disponível em: <www.mma.gov.br>. Acesso em: jun. 2018.

a) Cite alguns motivos pelos quais antigos povos e civilizações se preocupavam em proteger áreas naturais.

....

....

b) O que vem acontecendo com muitas áreas naturais do Brasil? O que isso provocou?

....

....

c) Qual é a importância das Unidades de Conservação?

....

....

Natureza e sociedade: hidrografia e relevo

Hidrografia

1 Observe a fotografia e responda às questões.

kajornyot wildlife photography/Shutterstock

Derramamento de petróleo e suas consequências em uma praia na Tailândia, em 2013.

a) Que elemento natural está sendo mostrado e quais são suas condições na fotografia?

b) Em sua opinião, o que esse desastre pode causar às plantas, aos animais e às pessoas que moram na região?

2 Você já estudou que a água é um recurso indispensável para os seres vivos. O gráfico ao lado mostra como esse recurso está distribuído no planeta Terra. Observe-o e faça **X** nas respostas corretas.

a) Na Terra, há mais água doce ou mais água salgada?

- [ ] água doce
- [ ] água salgada

b) Onde podemos encontrar água doce?

- [ ] Em oceanos e mares.
- [ ] Em rios, lagos e sob a superfície da Terra (águas subterrâneas).

c) Para que é usada a água de rios e lagos?

- [ ] Apenas para as atividades agrícolas.
- [ ] Para abastecer moradias, comércios e indústrias, para as atividades agrícolas, para pescar e para gerar energia elétrica.
- [ ] Apenas para as atividades industriais.

d) O que afeta a qualidade da água do planeta?

- [ ] A poluição gerada pelas atividades humanas, como o lançamento, em rios e mares, de esgoto sem tratamento e de produtos químicos usados nas atividades agrícolas, e o despejo de lixo.
- [ ] Nada pode alterar a qualidade da água de mares, oceanos, rios e lagos.

3 **Qual é o rio mais importante do município ou do estado onde você mora? O que você sabe sobre ele? Faça uma pesquisa, em livros ou na internet, para responder às questões a seguir.**

a) Qual é o nome do rio? Ele sempre teve esse nome?

b) Onde ele nasce? Onde deságua?

c) Que tipo de formações vegetais há no trecho do estado por onde esse rio passa?

d) Que animais vivem no rio ou perto dele?

e) Que municípios são abastecidos pelo rio?

f) Para que suas águas são utilizadas?

g) Há represas construídas nesse rio? Quais?

h) O rio é limpo ou poluído?

i) Se é poluído, quais medidas estão sendo tomadas para resolver o problema?

Relevo

4 Você já sabe que relevo é o conjunto das diferentes formas da superfície terrestre. Além dos grupos humanos, que modificam o relevo com seu trabalho, há outros agentes que atuam sobre ele. Sublinhe de **vermelho**, na legenda de cada fotografia, o principal agente modificador do relevo.

Giovane Hennemann/Shutterstock

Ao longo do tempo, as ondas do mar vão desgastando as rochas, fazendo com que pequenos fragmentos sejam levados pelas águas. Aos poucos, esses fragmentos vão se transformando em areia. Na fotografia, vista dos paredões rochosos do município de Torres (RS), em 2017.

Gerson Gerloff/Pulsar Imagens

Quando as chuvas são fortes e por tempo prolongado, pode haver deslizamentos de terra em encostas de morros e de serras, principalmente se a cobertura vegetal foi retirada. Na fotografia, deslizamento de terra no município de Santa Maria (RS), em 2015.

Zig Koch/Pulsar Imagens

O vento forte e intenso é capaz de desgastar as rochas esculpindo formas curiosas, como essas do Parque Estadual de Vila Velha, em Ponta Grossa (PR). Fotografia de 2018.

5 Observe a fotografia a seguir. Depois, faça o que se pede.

Palê Zuppani/Pulsar Imagens

Vista aérea do município de Bertioga (SP) mostrando o rio Itapanhaú, a Serra do Mar e a Rodovia Rio-Santos. Fotografia de 2009.

a) Qual forma de relevo você observa no primeiro plano da fotografia, por onde o rio passa?

☐ planalto

☐ planície

b) Que outros elementos naturais você observa nessa fotografia?

....

....

c) Quais elementos construídos pelo ser humano você observa na fotografia?

....

....

Recursos naturais, trabalho e espaço geográfico

Recursos naturais

1 Algumas atividades de extração de recursos naturais costumam causar prejuízos ao ambiente e à vida das comunidades das regiões onde são praticadas. Leia o trecho da reportagem e observe a fotografia. Depois, responda às questões.

No meio da Amazônia, encravado no tapete verde-escuro da floresta que recobre o município de Oriximiná, no Pará, existe um aglomerado urbano como nenhum outro. [...]

Evelson de Freitas/Agência Estado

Usina de secagem de bauxita na Floresta Amazônica, no município de Oriximiná (PA), em 2013.

Ali, a preocupação maior é arrancar bauxita de debaixo da floresta da forma mais rápida, eficiente e rentável possível. Derrubar árvores e abrir valas até chegar à terra vermelha que esconde o alumínio. Depois operar escavadeiras, supervisionar esteiras e carregar os navios graneleiros que zarpam continuamente, levando o minério para ser transformado em computadores, celulares, panelas, latas, esquadrias e tantos outros produtos sem os quais quase ninguém é capaz de viver.

[...]

Essa riqueza, que se avoluma desde que a mineração chegou por lá, no fim da década de 1970, tem causado impactos irreversíveis numa região de rica biodiversidade, secularmente habitada por quilombolas. Descendentes de escravos fugidos que, nos idos do século 18, se estabeleceram às margens do rio Trombetas e há décadas brigam pela posse daquelas terras. [...]

CHIAVERINI, Tomás. A guerra secreta pela bauxita. **Amazônia – Notícia e informação**. Disponível em: <http://amazonia.org.br>. Acesso em: maio 2018.

a) A reportagem e a fotografia referem-se a qual recurso natural? Esse recurso natural é renovável ou não renovável?

b) Que atividades são citadas para a extração desse recurso natural? Reescreva o trecho do texto que as apresenta.

c) Onde esse recurso natural é extraído?

d) Cite alguns produtos que utilizam esse recurso natural na sua fabricação.

e) Que comunidades vivem na região do Pará onde esse recurso natural é extraído? Desde quando elas vivem ali?

f) Segundo a reportagem, essa atividade de mineração tem causado impactos irreversíveis numa região de rica biodiversidade. Em sua opinião, que impactos são esses? Observe a fotografia para responder à questão.

Espaço geográfico

2 Observe as fotografias da praia de Camburi, em Vitória, capital do estado do Espírito Santo. Depois, responda às questões.

Reprodução/Coleção particular

Vista da praia de Camburi, no município de Vitória (ES), em 1960.

Acervo/Capixaba da Gema

Vista da praia de Camburi, no município Vitória (ES), em 2000.

a) Quanto tempo se passou entre uma fotografia e a outra?

....

b) Cite algumas semelhanças e diferenças que você observa entre as paisagens retratadas.

....

....

c) Que elementos da fotografia 2 mostram que os seres humanos constroem o espaço geográfico por meio do trabalho?

3 **Observe a fotografia e responda: Em sua opinião, os seres humanos estão se relacionando com a natureza de maneira positiva ou negativa? Justifique sua resposta.**

Fabio Colombini/Acervo do fotógrafo

Desmatamento da Floresta Amazônica, entre o município de Manaus (AM) e de Presidente Figueiredo (AM), em 2017.

Agricultura, pecuária e extrativismo

Agricultura e pecuária

1 Em que atividades trabalham as pessoas que você observa nas fotografias a seguir?

a) Fotografia 1: ....

b) Fotografia 2: ....

c) Fotografia 3: ....

d) Fotografia 4: ....

Cesar Diniz/Pulsar Imagens

Homem ara a terra no município de Cabo Frio (RJ), em 2015.

Andre Dib/Pulsar Imagens

Peões conduzem gado no município de Poconé (MT), em 2017.

Cesar Diniz/Pulsar Imagens

Mulher trabalha em horta orgânica no município de Campo Grande (MS), em 2018.

Cesar Diniz/Pulsar Imagens

Homem cuida de bezerros no município de Marmelópolis (MG), em 2017.

Extrativismo

2 Relacione as colunas.

a) Extração de recursos vegetais.

b) Extração de recursos minerais.

c) Extração de recursos animais por meio da caça e da pesca.

d) Recursos utilizados nas indústrias para a produção de bens ou mercadorias.

☐ extrativismo mineral

☐ matérias-primas

☐ extrativismo animal

☐ extrativismo vegetal

3 **Agora, encontre no diagrama o nome de produtos que têm origem no extrativismo e de produtos que utilizam matéria-prima com essa origem. Dica: são nove nomes, e há palavras escritas de trás para a frente e de baixo para cima.**

P	O	O	Z	U	O	G	S	T	Q	A	F	B
E	K	M	A	D	X	M	A	D	E	I	R	A
T	H	A	Ç	A	Í	C	L	G	R	W	K	U
R	Z	T	B	P	L	L	E	Y	V	H	I	X
Ó	Q	A	F	O	P	E	I	X	E	X	E	I
L	W	S	D	R	T	W	Z	N	W	Y	J	T
E	Y	E	J	U	A	T	X	H	C	O	F	A
O	S	M	B	O	Z	E	D	O	R	D	I	V

Indústria, comércio e serviços

Atividade industrial

1 Compare as fotografias a seguir.

Ricardo Azoury/Pulsar Imagens

Produção artesanal de vasos de cerâmica no município de Belém (PA), em 2015.

Paulo Fridman/Pulsar Imagens

Linha de montagem de uma fábrica de motores automobilísticos no município de Camaçari (BA), em 2015.

- Que diferenças você percebe entre esses dois modos de produzir mercadorias?

Comércio

2 Que estabelecimentos comerciais há no quarteirão onde fica sua moradia? Cite pelo menos cinco.

....

3 Faça as perguntas abaixo a uma pessoa de sua família. Escreva **S** para as respostas afirmativas e **N** para as respostas negativas.

- [ ] Você adquire produtos mais duráveis e menos descartáveis?
- [ ] Procura produtos que utilizam menos embalagens, inclusive para presentes?
- [ ] Compra o suficiente para o consumo, evitando desperdício de produtos e alimentos?
- [ ] Evita comprar legumes, frios e carnes em bandejas de isopor branco, pois, no Brasil, esse material não é reciclável?
- [ ] Rejeita sacos plásticos sempre que possível?
- [ ] Utiliza a frente e o verso do papel para escrever?
- [ ] Reaproveita vidros de geleia, maionese, massa de tomate e requeijão?
- [ ] Reutiliza sacos plásticos e caixas?
- [ ] Reaproveita envelopes?
- [ ] Doa a quem precisa as roupas e os objetos que não são mais necessários?

■ Converse com pessoas de sua família sobre os hábitos que vocês sabem que são importantes, mas que ainda não praticam, para evitar o consumismo. Anote dois desses hábitos aqui.

....

....

Serviços públicos e privados

Os serviços podem ser públicos (quando fornecidos pelo governo) ou privados (quando prestados por empresas ou pessoas que cobram por eles).

Como você estudou na unidade 4, o governo é responsável por fornecer serviços públicos essenciais à população. Os recursos para a prestação desses serviços são obtidos principalmente por meio do pagamento de impostos e taxas, que são cobrados de acordo com o uso mensal (no caso da energia elétrica e da água encanada) das residências e das empresas.

No entanto, nem sempre o governo fornece esses serviços na quantidade e na qualidade adequada para atender a todos. Quando isso acontece, as pessoas que podem pagar para ter acesso a alguns desses serviços procuram os serviços privados.

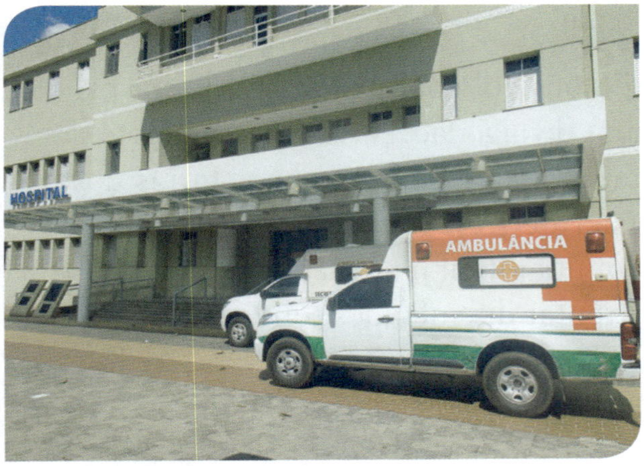

Delfim Martins/Pulsar Imagens

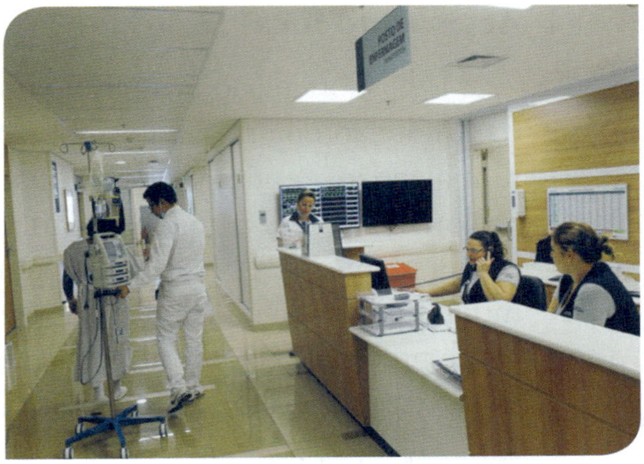

Evelson de Freitas/Agência Estado

Tanto hospitais públicos como particulares oferecem atendimento para a população. Nos hospitais particulares, o serviço é cobrado. Muitas vezes alguns serviços não são oferecidos pela rede pública, sendo encontrados somente na particular. Na fotografia à esquerda, hospital público no município de Teresina (PI), em 2015; na fotografia à direita, hospital particular no município de São Paulo (SP), em 2014.

1. Que serviços públicos você utiliza no dia a dia? E privados?

2. Escolha um dos serviços destacados acima e, com a ajuda de seus pais ou responsáveis, faça uma avaliação dele: se atende a toda a população e se é de qualidade. Caso encontre deficiências, pense no que precisa ser feito para melhorá-lo. Depois, em sala de aula, leia suas anotações para os colegas e o professor.

Conectando saberes

Valorizar as tradições pelo artesanato

Como visto na unidade 3, nas comunidades remanescentes de quilombos as pessoas lutam pelo direito de permanecer nas terras ocupadas por elas (e por seus antepassados) há muitos anos, mantendo suas tradições.

Na comunidade quilombola Conceição das Crioulas, no estado de Pernambuco, um grupo de mulheres artesãs se mobilizou para a conquista das terras e da autonomia da comunidade. Leia o texto a seguir e conheça um pouco dessa história.

Artesanato local

[...] Conceição é uma comunidade que foi conquistada [...] através da produção do artesanato tirado da fibra de algodão. As mulheres plantaram algodão, venderam fios, conseguiram renda e compraram as terras do quilombo. [...] O algodão existiu na região até 1987, depois a praga acabou com a plantação. "Ficou uma situação muito difícil na região. Muita gente mudou para as cidades. Passamos a enfrentar dificuldades terríveis [...]. A gente precisava encontrar uma saída para esta situação. Uma alternativa foi a valorização do artesanato" [conta uma moradora da comunidade].

Através de oficinas [...], mais de 30 produtos foram desenvolvidos, como as bonecas de **caroá**, que representam as mulheres da comunidade. O artesanato é confeccionado com barro, caroá, palha e **imbira**. [...]

caroá: planta cujas folhas fornecem fibras longas e resistentes, com as quais se fabricam cordas e barbantes.
imbira: arbusto de cuja casca se extraem fibras para a confecção de cordas.

Ministério do Desenvolvimento Agrário/Governo Federal

Comunidade quilombola Conceição das Crioulas, no município de Salgueiro (PE), em 2017.

> Em Conceição das Crioulas, cada peça produzida conta a história e reafirma a **identidade étnica** de sua população. [...].
>
> COMISSÃO Pró-Índio de São Paulo. Disponível em: <www.cpisp.org.br>. Acesso em: maio 2018.

identidade étnica: conjunto de aspectos culturais, como língua, modos de vida, danças, comidas e festividades, pelos quais os integrantes de um grupo se identificam e são identificados por outros.

Confecção de bonecas de caroá

Fabio Colombini/Acervo do fotógrafo

Caroá, que pode atingir 1 metro de altura. As fibras de suas folhas são retiradas e, depois de secas, são utilizadas pelos artesãos.

Fabiana Vencezlau/Acervo da fotógrafa

Na comunidade quilombola Conceição das Crioulas, artesã manipula fibras de caroá para confecção de bonecas que serão comercializadas. Fotografia de 2017.

Fabiana Vencezlau/Acervo da fotógrafa

Cada boneca representa uma mulher cuja luta foi fundamental para a autonomia da comunidade quilombola. O artesanato fortalece, assim, a representatividade e o sustento da população quilombola. Fotografia de 2017.

1 **Quais são as principais matérias-primas utilizadas pelas artesãs de Conceição das Crioulas?**

2 **Qual é a importância do artesanato de Conceição das Crioulas para a comunidade quilombola?**

Vamos retomar

1 Os produtos industrializados são identificados pelo rótulo presente na sua embalagem. Reúna três rótulos das embalagens de produtos consumidos em sua casa e leve para a sala de aula. Leia as informações de cada um deles e preencha o quadro abaixo.

Produto	Tipo de indústria	Município e estado	Matéria-prima

a) Há no rótulo alguma informação que indique se a embalagem pode ser reciclada, se é reaproveitável ou se foi produzida com material reciclado?

b) Qual é a importância de cada informação destacada no quadro para o consumidor?

2 Observe os produtos abaixo e depois responda às questões a seguir.

Picsfive/Shutterstock

Jiang Hongyan/Shutterstock

a) Qual é a principal matéria-prima utilizada na fabricação desses produtos?

....

b) Cite ao menos um problema causado pelo consumo exagerado desse tipo de matéria-prima.

....

....

c) Converse com os colegas e o professor sobre atitudes que você pode tomar para reduzir o problema que citou no item anterior.

Autoavaliação

Vamos pensar sobre o que você aprendeu nesta unidade?

Marque com **X** a opção que melhor represente sua resposta a cada pergunta abaixo.

1. Você reconhece o que é atividade industrial?			
2. Você reconhece o que é artesanato e qual é a sua importância?			
3. Você consegue explicar a importância da reciclagem?			
4. Você identifica as características da atividade comercial?			
5. Você reconhece a importância dos diferentes tipos de serviços?			
6. Você reconhece a importância do consumo consciente?			

Sugestões

Para ler

- **A economia de Maria**, de Telma Guimarães Castro Andrade. São Paulo: Editora do Brasil, 2010.

  Duas irmãs gêmeas, um cofrinho e muitas coisas para comprar. Lendo esta história, você vai aprender um pouco mais sobre a atividade do comércio (comprar e vender), suas estratégias e artimanhas.

Reprodução/Editora do Brasil

- **Não afunde no lixo!**, de Nilce Bechara. Birigui: Terra do Saber, 2009.

  Neste livro, você vai aprender, com a ajuda de Zeca e seu cachorro, que o excesso de lixo nas cidades muitas vezes é consequência dos maus hábitos de seus moradores, e vai descobrir possibilidades mais sustentáveis de destino do lixo.

Reprodução/Terra do Saber

BIBLIOGRAFIA

AB'SÁBER, Aziz Nacib. *Os domínios de natureza no Brasil:* potencialidades paisagísticas. São Paulo: Ateliê, 2012.

ALMANAQUE Brasil Socioambiental. São Paulo: ISA, 2008.

ALMEIDA, Rosângela Doin de. *Cartografia escolar*. São Paulo: Contexto, 2007.

______. *Novos rumos da cartografia escolar*. São Paulo: Contexto, 2011.

BRASIL. Ministério da Educação. Base Nacional Comum Curricular. Brasília, 2017. Disponível em: <http://basenacionalcomum.mec.gov.br/wp-content/uploads/2018/02/bncc-20dez-site.pdf>. Acesso em: maio 2018.

CARVALHO, José Murilo de. *Cidadania no Brasil:* o longo caminho. Rio de Janeiro: Civilização Brasileira, 2014.

CASSETI, Valter. *Ambiente e apropriação do relevo*. São Paulo: Contexto, 1995.

CASTRO, Iná E.; GOMES, Paulo C. C.; CORRÊA, Roberto L. (Org.). *Geografia:* conceitos e temas. Rio de Janeiro: Bertrand Brasil, 1995.

CAVALCANTI, Lana de Souza. *O ensino de Geografia na escola*. Campinas: Papirus, 2012.

CLARKE, Robin; KING, Jannet. *O atlas da água*. São Paulo: PubliFolha, 2005.

CONTI, José B. *Clima e meio ambiente*. São Paulo: Atual, 2013.

FAZENDA, Ivani (Org.). *O que é interdisciplinaridade?* São Paulo: Cortez, 2008.

FERNANDES, José Alberto Rio; TRIGAL, Lourenzo López; SPÓSITO, Eliseu Savério. *Dicionário de Geografia*. Porto: Porto Editora, 2016.

FLORENZANO, Teresa Gallotti. *Imagens de satélite para estudos ambientais*. São Paulo: Oficina de Textos, 2002.

FUNARI, Pedro Paulo; PIÑON, Ana. *A temática indígena na escola*. São Paulo: Contexto, 2011.

FURLAN, Sueli Angelo; NUCCI, João Carlos. *A conservação das florestas tropicais*. São Paulo: Atual, 1999.

GIACOMOZZI, Giglio. *Descobrindo novas palavras:* dicionário infantil. São Paulo: FTD, 2005.

GIANSANTI, Roberto. *O desafio do desenvolvimento sustentável*. São Paulo: Atual, 2003.

GIMENEZ, Karen. *Os oceanos*. São Paulo: Atual, 2008.

GONÇALVES, Carlos Walter Porto. *A globalização da natureza e a natureza da globalização*. Rio de Janeiro: Civilização Brasileira, 2006.

GUERRA, Antonio Teixeira; GUERRA, Antonio José Teixeira. *Novo dicionário geológico-geomorfológico*. Rio de Janeiro: Bertrand Brasil, 2011.

IBGE. *Atlas geográfico escolar*. 7. ed. Rio de Janeiro: IBGE, 2016.

______. *Atlas nacional do Brasil Milton Santos*. Rio de Janeiro: IBGE, 2010.

KIMURA, Shoto. *Geografia no Ensino Básico*. São Paulo: Contexto, 2011.

KOBIYAMA, Masato et al. *Prevenção de desastres naturais:* conceitos básicos. Curitiba: Organic Trading, 2006.

KUPSTAS, Márcia (Org.). *Ecologia em debate*. São Paulo: Moderna, 1999.

______. *Trabalho em debate*. São Paulo: Moderna, 1997.

MARTINELLI, Marcelo. *Gráficos e mapas:* construa-os você mesmo. São Paulo: Moderna, 1998.

MATTOS, Regiane Augusto. *História e cultura afro-brasileira*. São Paulo: Contexto, 2011.

MENDONÇA, Francisco; DANNI-OLIVEIRA, Inês Moresco. *Climatologia:* noções básicas e climas do Brasil. São Paulo: Oficina de Textos, 2007.

MONTEIRO, Carlos A. Figueiredo; MENDONÇA, Francisco. *Clima urbano*. São Paulo: Contexto, 2003.

MORAES, Antonio Carlos Robert. *Meio ambiente e Ciências Humanas*. São Paulo: Annablume, 2005.

MORAN, Emílio F. *Meio ambiente e florestas*. São Paulo: Senac, 2010.

MUNANGA, Kabengele (Org.). *Superando o racismo na escola*. Brasília: MEC, 2005.

REBOUÇAS, Aldo. *Uso inteligente da água*. São Paulo: Escrituras, 2004.

RIBEIRO, Wagner Costa. *Geografia política da água*. São Paulo: Annablume, 2008.

RODRIGUES, Arlete Moysés. *Moradia nas cidades brasileiras*. São Paulo: Contexto, 1991.

ROSE, Ricardo Ernesto. *Como está a questão ambiental?* Rio de Janeiro: Ciência Moderna, 2011.

ROSS, Jurandyr L. Sanches. *Ecogeografia do Brasil*. São Paulo: Oficina de Textos, 2006.

______ (Org.). *Geografia do Brasil*. São Paulo: Edusp, 2005.

SPOSITO, Eliseu. *A vida nas cidades*. São Paulo: Contexto, 1991.